深圳市宣传文化事业发展专项基金项目
A PUBLICITY AND CULTURE FUND OF SHENZHEN SPONSORED PROJECT

文明丽迹

The Assemblage of Civilizations

北魏平城与云冈石窟艺术

Pingcheng and Yungang Grottoes Art in the Northern Wei Dynasty

深圳博物馆　云冈研究院　大同市考古研究所　编著

文物出版社

图书在版编目（CIP）数据

文明丽迹 ： 北魏平城与云冈石窟艺术 / 深圳博物馆，云冈研究院，大同市考古研究所编著. -- 北京 ： 文物出版社，2024. 9. -- ISBN 978-7-5010-8195-0

Ⅰ. K879.222

中国国家版本馆CIP数据核字第2024FE3107号

图录编辑编委会

主　　　任: 黄　琛

副 主 任: 蔡惠尧　杜　鹃　崔孝松

学术总监: 郭学雷

主　　编: 黄阳兴

执行主编: 刘绎一

编　　委: 高　雅　刘　倩　陈　坤

文明丽迹——北魏平城与云冈石窟艺术

编者: 深圳博物馆　云冈研究院　大同市考古研究所

责任编辑: 王　伟

责任印制: 王　芳

出版发行: 文物出版社

社址: 北京市东城区东直门内北小街 2 号楼

邮编: 100007

网址: http://www.wenwu.com

邮箱: wenwu1957@126.com

经销: 新华书店

印刷: 雅昌文化（集团）有限公司

开本: 889mm×1194mm　1/8

印张: 40.75

版次: 2024 年 9 月第 1 版

印次: 2024 年 9 月第 1 次印刷

书号: ISBN 978-7-5010-8195-0

定价: 736.00 元

文明丽迹——北魏平城与云冈石窟艺术
展览委员会

深圳博物馆

项目总负责：黄　琛
展览总监：杜　鹃
学术指导：郭学雷
学术策展：黄阳兴
展览监管：吴翠明
策 展 人：刘绎一
设 计 师：周艺璇
策展助理：刘　倩　高　雅　陈　坤　邓应知
展务助理：磨玮玮　冯艳平　刘　琨　冯思瑜　林欣欣
行政支持：乔文杰　闫　明　林　琳
社会教育：李胜男　孙嘉希
宣传推广：黄宗晞　陈丹莎　张嘉瑜
资产财务：陈　丹　祁　静
文物保护：杜　宁　邓承璐
信息技术：海　鸥
对外合作：张　傲
运行保障：刘剑波　王洹涛　刘　磊
安全保卫：肖金华　陈顺明

云冈研究院

项目总负责：杭　侃　张　焯
展览总监：何建国
数字化保护中心：
宁　波　吴佳丽　陈洪萍
赵晓丹　王　超　王文琦　吴鑫宇
文化遗产艺术研究中心：
王　晨　赵昆雨　张旭云　关晓磊
李丽梅　李　岩　古　艳　姚乐清　王馨悦
文献中心：
耿　波　解　华　朱静波
历史与民族融合中心：
王雁卿

故宫博物院

达微佳　赵芸格　赵宝佳　都　都

山西博物院

张慧国　杨　芸　金佳悦

大同市考古研究所

张志忠　李树云　靖晓亭　常　亮

大同市博物馆

段晓莉　吴中华　李　航　白　月

河北博物院

熊慧彪　赵志良　张红霞
吴　宁　边质洁　吴晓静

朝阳市北塔博物馆

王志华　熊文亮　张海莉
于　琨　赵德关

沁县南涅水石刻博物馆

申虎峰　刘亚娜　曹雪霞
张瑞红　李加嘉

蔚县博物馆

王艳萍　高慧荣

主办单位：深圳博物馆　云冈研究院
协办单位：故宫博物院　山西博物院　大同市考古研究所　大同市博物馆　河北博物院
朝阳市北塔博物馆　沁县南涅水石刻博物馆　蔚县博物馆
展览时间：2023 年 12 月 6 日至 2024 年 5 月 24 日
展览地点：深圳博物馆（历史民俗馆）中厅、第二专题展厅

目录

前言

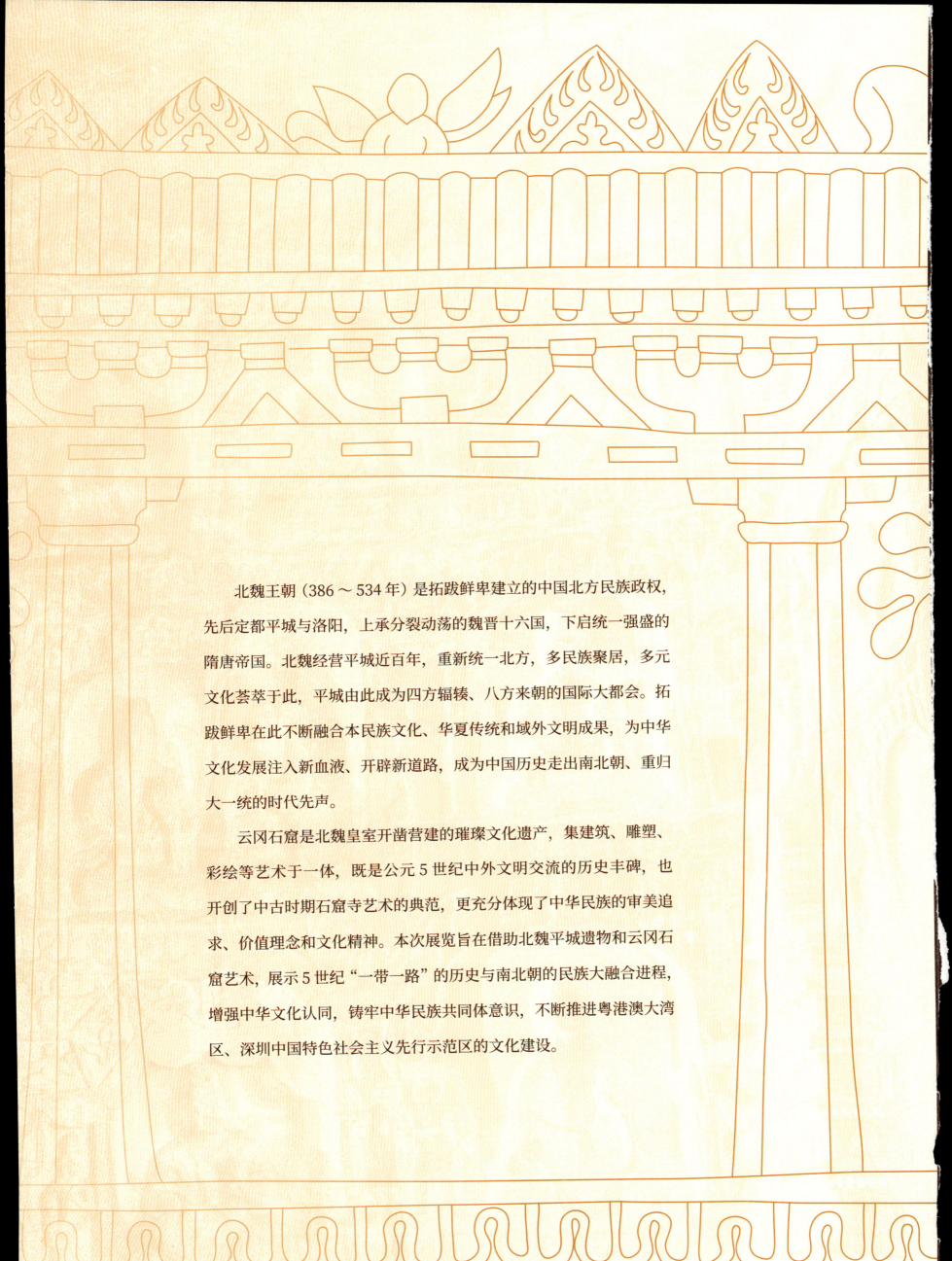

　　北魏王朝（386～534 年）是拓跋鲜卑建立的中国北方民族政权，先后定都平城与洛阳，上承分裂动荡的魏晋十六国，下启统一强盛的隋唐帝国。北魏经营平城近百年，重新统一北方，多民族聚居，多元文化荟萃于此，平城由此成为四方辐辏、八方来朝的国际大都会。拓跋鲜卑在此不断融合本民族文化、华夏传统和域外文明成果，为中华文化发展注入新血液、开辟新道路，成为中国历史走出南北朝、重归大一统的时代先声。

　　云冈石窟是北魏皇室开凿营建的璀璨文化遗产，集建筑、雕塑、彩绘等艺术于一体，既是公元 5 世纪中外文明交流的历史丰碑，也开创了中古时期石窟寺艺术的典范，更充分体现了中华民族的审美追求、价值理念和文化精神。本次展览旨在借助北魏平城遗物和云冈石窟艺术，展示 5 世纪"一带一路"的历史与南北朝的民族大融合进程，增强中华文化认同，铸牢中华民族共同体意识，不断推进粤港澳大湾区、深圳中国特色社会主义先行示范区的文化建设。

427 年，萨珊波斯王巴赫拉姆五世击退阿姆河流域的嚈哒人，萨珊波斯进入长达三十年的稳定发展时期。

萨珊波斯国王沙普尔二世狩猎纹鎏金银盘
弗利尔艺术馆藏

萨珊波斯帝王狩猎纹银盘
3 ～ 5 世纪
1981 年大同封和突墓出土

阿胡拉·马兹达授予萨珊波斯王阿尔达希尔一世神环浮雕
3 ～ 4 世纪
伊朗法尔斯省

413 年，超日王去世，笈多帝国进入衰弱期，印度本土佛教也渐渐衰落，印度教逐渐复兴。

犍陀罗佛像
2 ～ 3 世纪
印度新德里国家博物馆藏

犍陀罗弥勒菩萨像
3 世纪
纽约大都会艺术博物馆藏

425 年，贵霜王朝分裂后大月氏残部建立的小国在大夏（今阿富汗境内）为白匈奴所灭，标志着贵霜帝国的覆灭。犍陀罗佛教艺术衰落。

443 年，匈人围困君士坦丁堡，迫使狄奥多西二世签订城下之盟。匈人帝国进入鼎盛时期，向东欧与南俄地区持续扩张。

| 420 年 | 424 年 | 425 年 | 427 年 | 435 年 | 439 年 | 443 年 | 446 年 | 448 ～ 449 |

420 年，刘裕篡晋，建立南朝刘宋政权，南北朝对峙局面形成。

刘宋武帝初宁陵石刻
约 422 年

424 年，北魏太武帝亲征漠北，分五路讨伐柔然，北魏对柔然汗国的反攻开始。

435 年，高句丽遣使前往北魏朝贡，建立起正式的官方联系。

439 年，北魏统一北方，中原地区进入相对稳定的发展时期。

448 ～ 449 年，北魏军队击败柔然汗国，控制西域，草原丝绸之路恢复畅通。此后双方仍冲突频繁，北魏基本占据上风，多次击破柔然。

446 年，北魏太武帝灭佛，推行残酷的宗教政策，摧毁大批佛寺并逼迫大量僧侣还俗。

河北苑申造金铜弥勒佛立像
北魏太平真君四年(443 年)
日本九州博物馆藏

公元5世纪的亚欧大陆格局

罗马皇帝亚历山大·塞维鲁
230～235年
纽约大都会艺术博物馆藏

酒神狄俄倪索斯和四季神石棺
260～270年
纽约大都会艺术博物馆藏

402年，社仑称可汗，柔然汗国建立，统治漠北及西域的广阔土地，"羁縻"西域数国，也直接影响了5世纪的西域局势。

410年，阿拉里克率领西哥特军队攻陷罗马城，罗马帝国危机进一步加深；418年，狄奥多里克建立西哥特王国，蛮族入侵罗马帝国的浪潮进一步加剧。

胜利女神为罗马
皇帝提图斯戴上花环
罗马3世纪帝国时期浮雕

386年	399～403年	402年	399～412年	410年	413年

鎏金铜焰肩佛坐像
4世纪
哈佛大学赛克勒艺术博物馆藏

鎏金铜佛坐像
后赵建武四年(338年)
美国旧金山亚洲艺术博物馆藏

386年，拓跋鲜卑建立北魏王朝；398年，北魏迁都平城，开启平城时代近百年的统治。

399～403年，孙恩、卢循起义，东晋门阀政治逐渐走向衰亡。

东晋蝉纹金珰
1998年南京仙鹤观M6出土
南京博物馆藏

399～412年，东晋僧人法显从陆路经西域往天竺取经，游历东南亚各国十余年，最后经由海路回国，在胶州半岛崂山登陆，前往都城建康，带回数十部梵文经典。

《法显传》(又名《佛国记》)
东晋义熙十二年(416年)成书

413年，中国东北地区政权高句丽广开土好太王去世，长寿王高琏即位，高句丽进入强盛期，影响东北亚地区两百多年。

高句丽好太王碑
414年
现位于吉林省集安市

序

　　在东西方文明发展和交流史上，公元 5 世纪是颇为独特的历史时期。罗马分裂为西罗马、东罗马两大帝国（395 年）；萨珊波斯帝国逐渐崛起（224～651 年），试图复兴第一波斯帝国的荣光；犍陀罗地区则在贵霜王朝的统治下经历了东西方多元文明的洗礼，佛教艺术从鼎盛走向衰落；古印度笈多王朝（约 320～540 年）也于公元 4～5 世纪盛极一时，笈多艺术由此传播开来。中国逐渐由魏晋十六国进入南北朝对峙时期，中外交流开启了新纪元。

　　从地中海到中亚广袤的地域上，东西方多元文明不断碰撞融合，新的统治秩序使得社会发生剧变，历史浪潮汰选下存续的旧文明遗风，孕育了多姿多彩的地域文化和艺术形式。域外文明的更替影响了文明之间的交流互鉴，犍陀罗与笈多艺术都深刻影响了中国西域和南北朝佛教艺术的发展。

483～484 年，赫拉特战役。嚈哒人杀死萨珊波斯王俾路支一世，萨珊波斯向嚈哒汗国称臣，嚈哒汗国统一中亚地区。

嚈哒银碗
460～479 年
大英博物馆藏
巴基斯坦斯瓦特出土

481 年，克洛维建立法兰克王国墨洛温王朝，为欧洲中世纪后期的封建制度奠定了基础。

493 年，东哥特王国建立，彻底摧毁了罗马帝国在西欧的残余势力。

479 年　　481 年　　483～484 年　　491 年　　493 年　　494 年　　495～496 年　　499 年

479 年，萧道成篡位建立南齐，刘宋灭亡。永明年间，萧齐遣使与北魏通好，"特选才学之士，以为行人"，著名者如范缜、范云、萧琛、颜幼明等均出任过使节。

无量寿佛造像石碑
南齐永明年间（483～493 年）
四川博物院藏

491 年，北魏孝文帝派遣李道固与蒋少游出使南齐，蒋少游借机"摹写宫掖"，"图画而归"，直接推动了南北朝的文化艺术交流。

弥勒佛像
北魏太和十年（486 年）
纽约大都会艺术博物馆藏

494 年，孝文帝从平城迁都洛阳，由此开启北魏晚期大规模汉化改革的高峰时期。

皇帝礼佛图
北魏
河南洛阳龙门石窟宾阳三洞
纽约大都会艺术博物馆藏

495～496 年，孝文帝为了纪念天竺高僧跋陀来中原弘扬佛法而修建少林寺。

499 年，孝文帝去世。

467 年，笈多王朝君主塞建陀笈多击退嚈哒人，嚈哒人退回犍陀罗地区，暂时缓解了嚈哒灭亡笈多帝国的脚步。

秣菟罗佛立像
5 世纪晚期
纽约大都会
艺术博物馆藏

秣菟罗佛立像
5 世纪
印度新德里
国立博物馆藏

453 年，嚈哒军队大举入侵萨珊波斯，击败伊嗣埃二世，萨珊波斯由盛转衰。455 年，嚈哒汗国首次向北魏遣使朝贡，双方建立起友好的外交关系。

455 年，汪达尔人跨海入侵西罗马帝国，攻陷罗马城并杀死西罗马皇帝，汪达尔人就此称霸地中海地区。

汪达尔铜合金带扣
5 世纪
大英博物馆藏
阿尔及利亚出土

嚈哒银币
5 世纪上半叶
德国伯尔尼历史
博物馆藏

佛说法像
5 世纪晚期
印度萨尔纳特
考古博物馆藏

476 年，日耳曼部西哥特人国王奥多亚塞尔攻陷罗马城，废黜了最后一位罗马皇帝罗慕路斯·奥古斯都，宣告了西罗马帝国的灭亡，西欧古典时期就此终结，标志着西欧封建社会的开始。

451 年，沙隆会战，西罗马军队联合诸日耳曼部族击退匈人军队，阻止了游牧民族南下摧毁基督教文明的战略企图。匈人帝国自此由盛转衰，并于公元 453 年分崩离析。

451 年　　453 年　　455 年　　456 年　　467 年　　471 年　　472 年　　476 年

455 年，萨珊波斯首次向北魏遣使朝贡，北魏也派遣使者回访，自此波斯与北魏之间的经济文化交流络绎不绝。

456 年，东罗马拜占庭帝国遣使朝贡，这是东罗马与北魏官方交往的最早记录。

拜占庭马赛克
4～6 世纪
芝加哥艺术博物馆藏

471 年，北魏孝文帝即位，冯太后摄政，北魏进入“二圣称制”阶段。

472 年，百济王遣使朝见孝文帝，北魏与百济建立起官方联系。

公元 5 世纪的
南北朝局势

概况

　　5 世纪为拓跋鲜卑北魏王朝从崛起到鼎盛的时期，历经前 3 位皇帝的开疆拓土和励精图治之后，基本统一中国北部。文成帝至孝文帝时期，北魏王朝政治稳定、经济发达，开凿武州山石窟，逐渐形成以都城平城为核心的多元文化圈。经孝文帝推行汉化改革后，又迁都洛阳，加速了鲜卑政权的汉化与多民族融合的步伐，北魏王朝逐渐崛起为与南朝分庭抗礼的华夏文明中心。

　　5 世纪前期，东晋门阀政治走向衰落。公元 420 年，刘裕废晋恭帝，建立南朝刘宋。宋武帝刘裕至宋文帝刘义隆在位时期，励精图治，但多次北伐失败，江北地区被北魏占领大半，国力渐衰。公元 479 年，权臣萧道成篡位建立萧齐，刘宋灭亡。齐高帝萧道成和齐武帝萧赜统治期间，改革弊政，南齐国力达到巅峰。然齐武帝去世之后，南齐再次陷入宗室内乱之中，公元 502 年，萧衍废齐和帝萧宝融建立南梁，南齐灭亡。萧梁开启了南朝发展的鼎盛时代。

交流

　　北魏明元帝（409～423 年）时期，随着北魏扩张和刘裕北伐，两国之间的交流日益增多。宋明帝泰始五年（469 年），青齐地区被北魏攻占，青齐豪族被强行迁往平城。南齐建立后与北魏之间也互有攻伐，不久修好通使，交流日益深入。尤其是北魏孝文帝（471～499 年）遣使访萧齐，希望通过学习南朝制度、文化来推进改革。公元 497 年至 499 年间，孝文帝又发动两次大规模南伐，因故途中病亡。萧梁（502～557 年）时期，南北朝交流也进入了新的历史时期。

　　南北朝对峙期间，既有政治利益之争，又有正统文化之争；双方既时有攻伐，又常遣使往来。据学者统计，南北朝时期互派使节达 150 余次。南北之间虽然政治对立，但官方之外的文化与互市贸易一直保持交流，南北人员互有流动，尤其是在文学、佛教思想与艺术等方面的往来更是频繁。

① ② ③ ④ ⑤

   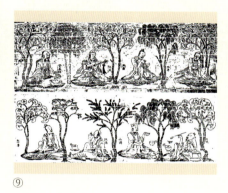 

⑥ ⑦ ⑧ ⑨ ⑩

  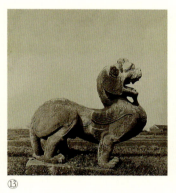  

⑪ ⑫ ⑬ ⑭ ⑮

① 大同沙岭壁画墓伏羲女娲图，北魏太延元年（435年），山西大同东郊沙岭村7号墓出土，原址保存。大同市博物馆编著《熠彩千年——大同地区墓葬壁画》，科学出版社，2019年。

② 北魏乐舞俑，呼和浩特市大学路北魏墓出土，内蒙古博物院藏。内蒙古博物院官网。

③ 一人双兽题材鎏金铜铺首，内蒙古正镶白旗伊和淖尔M1出土。中国人民大学历史学院考古文博系、锡林郭勒盟文物保护管理站、正镶白旗文物管理所《内蒙古正镶白旗伊和淖尔M1发掘简报》，《文物》2017年第1期，第15~34页。

④ 北凉高善穆石塔，承玄元年（428年），1969年酒泉（今酒泉肃州区）石佛湾东北处出土，甘肃省博物馆藏。甘肃省博物馆俄军主编《庄严妙相——甘肃佛教艺术展》，三秦出版社，2011年。

⑤ 北魏玻璃壶，2022年大同市迎宾大道北魏墓出土，大同市博物馆藏。大同市博物馆编、王利民主编《平城文物精粹——大同市博物馆馆藏精品录》，江苏凤凰美术出版社，2016年，第60页。

⑥ 十六国北朝骑马俑，西安航天城M7出土。西安市文物保护考古研究院《西安航天城北朝墓发掘简报》，《文博》2014年第5期，第12~17页。

⑦ 东晋青瓷鸡首壶，南京博物院藏。

⑧ 南京砂石山南朝墓陶牛车，南京砂石山南朝墓出土，南京博物院藏。南京博物院编《琅琊王——从东晋到北魏》，译林出版社，2018年。

⑨ 竹林七贤与荣启期拼镶砖画（拓本），江苏南京西善桥宫山大墓出土，南京博物院藏。耿朔著《层累的图像：拼砌砖画与南朝艺术》，人民美术出版社，2020年。

⑩ 南朝执盾武士俑，南京富贵山出土，南京博物院藏。南京博物院编《琅琊王——从东晋到北魏》，译林出版社，2018年。

⑪ 神兽镜，建武元年（498年），日本大阪久保惣纪念美术馆藏。王纲怀编著《中国纪年铜镜：西汉至六朝》，上海古籍出版社，2015年，第163页。

⑫ 南齐永明无量寿佛石造像碑，1921年四川茂县县城东门外较场坝中村寨出土，四川博物院藏。采自四川博物院、成都文物考古研究所、四川大学博物馆编著《四川出土南朝佛教造像》，中华书局，2014年。

⑬ 南齐武帝景安陵辟邪。南京博物院编著、徐湖平主编《南朝陵墓雕刻艺术》，文物出版社，2006年。

⑭ 石券门（局部），大同北魏冯太后永固陵出土，中国国家博物馆藏。

⑮ 河南邓县画像砖，河南邓县（今河南邓州）许庄村西南（下洼村南）出土，中国国家博物馆藏。

朱业微石造像

北魏太平真君五年（444年）
高61厘米
1982年河北蔚县黄梅乡榆涧村石峰寺征集
蔚县博物馆藏

　　此为典型的一佛二菩萨造像。主尊佛施禅定印，结跏趺坐。袈裟采用全新的凉州偏袒右肩式样，波纹发髻，有别于十六国与北魏早期造像。两侧胁侍菩萨，背面浅浮雕浮屠塔，塔两侧为菩提树。佛座前方两侧转角各雕刻一象头，以示承座。佛座正面、两侧共十一身供养人，背面阴刻铭文。

　　北魏初年佛道并重，道武帝拓跋珪、明元帝拓跋嗣"好黄老，又崇佛法"。这一时期南北各政权大多借助佛教辅助教化，尤其是后秦姚兴请高僧鸠摩罗什在长安译经说法，促使佛教在我国南北方得到长足的发展。北魏太武帝拓跋焘于始光四年（427年）攻陷大夏，太延五年（439年）征服北凉，重新打通西域通道，经由西域以及北凉传来的造像样式影响到了平城以及河北地区。拓跋焘于公元446年宣布禁佛，"诸有佛图形像及胡经，尽皆击破焚烧，沙门无少长悉坑之"。北魏佛教传播一度中断，直至文成帝拓跋濬即位后（452年）复兴佛教，新任沙门统昙曜吸收域外及凉州等模式，开启了云冈石窟的造像时代。

　　此纪年造像雕刻于北魏太武帝拓跋焘征服北凉、打通西域通道之后，云冈石窟开凿之前，是北魏前期造像借鉴凉州新风格的典型代表作品，可谓上承炳灵寺石窟，下启云冈石窟，弥足珍贵。该造像为双象承座，与常见流行的佛陀双狮座有别，这类双象座也偶见于犍陀罗造像。佛陀造像采用双象座很可能受到古印度早期神话"众神之王"因陀罗坐骑三头神象的影响，犍陀罗中曾见有三头象座的佛陀造像。云冈石窟中期造像继承了双象座图像样式，并将其发挥到新的艺术高度，如云冈第6窟中心塔柱四角以四象托塔做装饰，气势宏伟。

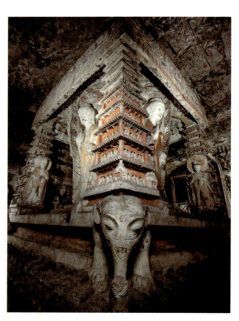

云冈第6窟中心柱四角驮塔白象

文明丽迹——北魏平城与云冈石窟艺术

太平[真][君][五][年]」甲申二月八日田
[启]□□□稽首归诚十方诸佛弟」子朱汆(业)
微□仰承大圣」耀昭浊世为教炳然」慨瞩与莫
[辈]□□□□」觊尊颜将□□妙玄」□□詠
神? 首致令弥劫□」□车轮迴为受水□覆」
以凭三宝塑(恳)少化恩」宦亡用朗前儆[函]□
省□弥上为」黄(皇)? 陛下及[所]生父母造□
□」佛通光主□诸祀敬者偶」□□于太[圣]称
读皆? [竞]□」劫弘尽一切群品区」□□□共
造□无[多][以]□」

拓片和释文采自刘建华《河北蔚县北魏太平真君五年朱业微
石造像》，《考古》1989 年第 9 期，第 807 ~ 810 页。

[第一单元] 四方都会

雕饰奇伟　冠于一世
拓跋魏　民族交流
文化大融合　大同
佛教艺术中国化　北魏政权
汉化之风　定都平城
平城　拓跋鲜卑

平城位于今天山西省大同市，是北魏政权正式规划建立的都城。北魏平城时代（398～494年）的近百年间，拓跋鲜卑迅速完成了由部落联盟向中央集权政权的转变，不同族源和信仰的群体聚集于平城，使之成为繁华的国际化大都市，书写了魏晋南北朝多民族交流、文化大融合的时代潮流中尤为浓墨重彩的一笔，留存至今的文化遗产仍在诉说昔日多元文化荟萃的盛景。

拓跋鲜卑推动了中西交通与胡汉等多种文化传统的碰撞、融合和新生。由北魏皇室主导修建的云冈石窟雕饰奇伟，冠于一世，是中外文明交流与民族融合不断深入的艺术体现。随着20世纪以来当地考古工作的开展，她作为都城的繁华过往逐渐得到还原，屡屡在视觉和认知方面震撼世人。

雁北新都

　　拓跋鲜卑起源于今大兴安岭嘎仙洞一带，"统幽都之北，广漠之野，畜牧迁徙，射猎为业"，西晋时助朝廷平定匈奴之乱，获代王封号及部分土地。公元386年，16岁的拓跋珪重振代国，并改号"大魏"，开启拓跋鲜卑问鼎中原的序幕。公元398年，拓跋珪迁都平城，开始营建宫室、宗庙、社稷坛等。

　　从草原游牧到农耕定居，拓跋鲜卑改变生活方式，以包容的心态接纳各民族文化，以兼收并蓄的精神经营着自己的新家园——平城。平城座落在内外长城之间的农牧交界带，处于中原北往内蒙、西往河套地区的节点上，地势险要，位置得天独厚，正符合拓跋鲜卑既羡慕中原文明又不舍草原情结的心态。

平城遗址

　　北魏平城的建设基于西汉平城县，北魏道武帝"模邺、洛、长安之制"，以当时中原城市为蓝本进行营造。根据文献记载和考古发现，北魏平城共有城门12座，北为宫城，南为居里。经过不断扩建改制，至孝文帝时期形成了中轴对称布局、郭城遍置里坊的巨大都城。

　　目前考古发现的北魏平城皇家建筑工程主要包括：北魏平城宫城遗址（3处宫殿遗址及附属粮储遗址）、城墙遗址、明堂遗址、方山思远佛寺、云冈石窟山顶寺院遗址以及坛庙、苑墙夯土遗迹等。

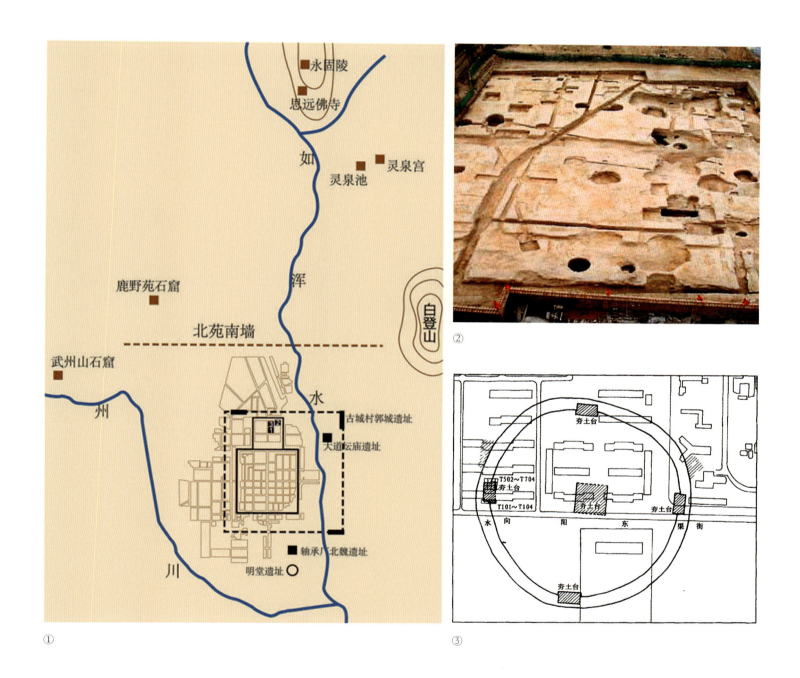

①　　　　　　　　　　　　　　　　　　　　　　　　　③

① 北魏平城建筑遗址示意图，采自王江《北魏平城建筑遗址研究》，《云冈研究》2021年第3期，第64页。
② 大同操场城一号遗址（宫殿遗址），采自山西省考古研究所等《大同操场城北魏建筑遗址发掘报告》，《考古学报》2005年第4期，图版十二。
③ 北魏平城明堂遗址平面图，采自大同市博物馆《山西大同市北魏平城明堂遗址1995年的发掘》，《考古》2001年第3期，第27页。

"平城"瓦当

西汉（公元前 206 ～公元 25 年）
直径 15.5 厘米 厚 3 厘米
2007 年大同操场城北魏 2 号遗址出土
大同市博物馆藏

　　瓦当中心模印隶书"平城"二字，外饰一周弦纹与四组对称的卷云纹。
　　该瓦当是西汉初年平城建制的见证，其出土印证了北魏平城是在汉平
城县的基础上扩建而成，也为北魏文字瓦当的传承提供溯源与对比的依据。

贴金铅铺首（2件）

北魏（386～534年）
通长35.5厘米 宽22厘米 环径15.7厘米
2017年大同金港园北魏墓地出土
大同市考古研究所藏

　　铺首指兽首衔环的造型，从商代一直被沿用至明清，有辟邪寓意。大同出土的北魏遗物包括大量铺首，相当一部分与泡钉共出，是从棺椁外壁脱落的，应当是模仿大门的装饰样式。
　　北魏平城时期的铺首以铜质和铅质为主，流行在兽首头顶两角之间装饰山纹、忍冬、力士等题材；近年还出土了畏兽（即兽面力士）造型的铺首。

忍冬装饰铜铺首（2件）

北魏（386～534年）

通长 19.8 厘米　宽 12.2 厘米　环径 9.3 厘米

2017 年大同金港园北魏墓地出土

大同市考古研究所藏

山字纹装饰铜铺首（2件）

北魏（386～534年）

通长 12.8 厘米　宽 6.8 厘米　环径 7.2 厘米

2017 年大同金港园北魏墓地 M8 出土

大同市考古研究所藏

忍冬装饰铜铺首（2件）

北魏（386～534年）
通长15.8厘米 宽9.3厘米 环径7.7厘米
2017年大同金港园北魏墓地出土
大同市考古研究所藏

大同出土北魏葬具铺首装饰

①

②

③

④   ⑤   ⑥

① 大同七里村北魏墓群 M25 棺椁出土情况
② 大同七里村北魏墓群 M29 出土漆棺
③～⑥大同雁北师院宋绍祖夫妇墓出土石椁雕刻铺首

草原民居

"敕勒川，阴山下。天似穹庐，笼盖四野。天苍苍，野茫茫，风吹草低见牛羊。"

北朝民歌《敕勒歌》描述了开阔的草原风光，其中的"穹庐"即毡帐，是我国古代北方游牧民族最主要的居住形式，保暖性能好，便于迁徙生活。大同雁北师院北魏墓群出土的陶毡帐顶部遍涂黑彩，并由顶部绘放射状下垂的红线，围壁又绘数个示意绑缚固定之用的花形挽结。云冈石窟中的昙曜五窟均为椭圆平面穹窿顶的窟形，有学者认为这是拓跋鲜卑选用了本民族传统居室穹庐的形貌。

①

②

③

① 大同沙岭北魏墓壁画中的毡帐，采自大同市考古研究所《山西大同沙岭北魏壁画墓发掘简报》，《文物》2006年第10期，第19页。
② 陶毡帐，大同雁北师院北魏墓群出土，大同市博物馆藏，采自大同市博物馆编、王利民主编《平城文物精粹——大同市博物馆馆藏精品录》，江苏凤凰美术出版社，2016年，第107页。
③ 云冈第18窟主佛，采自张焯主编《云冈石窟全集》第十五卷，青岛出版社，2018年，第7页。

方形陶毡帐

北魏（386～534年）
通高 25.5 厘米 通长 24.1 厘米 通宽 26.9 厘米
2013 年大同御昌佳园北魏墓地 M96 出土
大同市博物馆藏

　　定都平城之后，随着拓跋贵族定居中原，毡帐作为草原的记忆，
并没有被摒弃，而是与汉式的木构建筑同存，这是拓跋鲜卑在汉化过
程中保留游牧传统的体现。

双耳铜鍑

北魏（386～534 年）
通高 26.5 厘米 口径 10.5 厘米 腹径 19 厘米
2017 年大同金港园北魏墓地出土
大同市考古研究所藏

　　铜鍑是欧亚大陆草原地带游牧民族特有的炊器和祭器，体现了拓跋鲜卑的草原生活方式。有学者指出，鍑在中国的消失可能与孝文帝的汉化政策有关。鍑作为北方游牧民族在萨满仪式中使用的一种祭器，一旦拓跋鲜卑接受了农耕文化和佛教信仰，鍑就失去了存在的价值。

文明丽迹——北魏平城与云冈石窟艺术

嘎啦哈

北魏（386 ～ 534 年）
长 3 厘米 宽 2 厘米
2019 年大同悦城帝景北魏墓地出土
大同市考古研究所藏

　　嘎啦哈为满语音译，指踝关节上的一块骨骼。作为一种玩具流行于中国北方至
地中海沿岸。嘎啦哈可作为礼物赠送，亦见于墓葬中。
　　这组嘎啦哈材质为羊距骨。除了常见的骨质外，后世亦有玉等不同材质的嘎拉哈。

忍冬纹灰陶砖

北魏（386 ～ 534 年）
长 36.3 厘米　宽 18 厘米　厚 6 厘米
云冈研究院藏

　　中心莲花向外伸出四枝植物，空隙处各有一组忍冬纹，舒展自如；主图案两侧各有一鸟衔缠枝葡萄。整体别具异域风情。

　　忍冬纹最早源于古埃及和两河流域，后传至西亚、印度，继而辗转随佛教由丝绸之路传入中国。忍冬纹是北朝流行的主要装饰纹样之一，除石窟外也被广泛运用在北魏建筑、墓葬和生活用品上。

模型明器

　　两汉以来的墓葬流行随葬模型明器和俑群，这类器物是代替现实世界的生活器用和侍从人物下葬的，期望逝者在死后世界能够衣食丰足，体现了古人"事死如事生"的丧葬观念。这也体现北魏拓跋鲜卑融入华夏的过程中对汉晋文化的接受和延续。

　　通过平城墓葬出土的器物和壁画可知，汉地农耕文化对鲜卑人的生活方式产生了深刻影响。汉文化和鲜卑文化交融，北方社会经济有了明显发展，农业生产工具得到改进，粮食增多，手工业生产、商业活动日益活跃。北魏平城时期墓葬的形制、装饰内容等在表现形式上较汉代有很大不同，但其"事死如事生"、趋吉避凶的思想与汉代以来的丧葬文化一脉相承，是对中国传统丧葬文化的继承和发展。

①　　　　　　　②　　　　　　　③

④　　　　　　　⑤

①～②陶仓及劳作俑。
③陶碓与陶踏碓俑，大同二电厂北魏墓群出土，大同市博物馆藏，采自大同市博物馆编、王利民主编《平城文物精粹——大同市博物馆馆藏精品录》，江苏凤凰美术出版社，2016年，第86、87、89页。
④～⑤山西大同七里村北魏墓群M29壁画（局部），采自大同市考古研究所《山西大同七里村北魏墓群M29发掘简报》，《文物》2023年第1期，第48、49页。

陶质明器一组

北魏（386～534 年）
2017 年大同红旗街 S1 地块北魏墓地出土
大同市考古研究所藏

　　此墓所出侍俑形象简约，似体现草原审美风尚，又似与关中地区十六国晚期至北朝早期陶俑相类，印证多元文化作为平城实力凝聚的来源。
　　牲畜俑、模型明器的类型与两汉以来汉人墓葬明器类型一致，表现农业经济的内容，反映北魏平城时代的社会生活风貌逐渐转向农耕定居生活的风貌。

文明丽迹——北魏平城与云冈石窟艺术

1　陶侍俑，高 17 厘米 底长 10 厘米
2　陶灶，高 13.5 厘米 长 22 厘米 宽 15.5 厘米
3　陶井，高 19 厘米 口径 9 厘米 腹径 11 厘米
4、6～8　陶侍俑，通高 18.5 厘米
5　陶仓，通高 20 厘米 口径 9.5 厘米 腹径 17 厘米

9　陶碓，通高 8 厘米 长 17 厘米 宽 5 厘米
10　陶磨，高 5 厘米 直径 14 厘米
11　陶猪，高 9 厘米 长 19 厘米
12　陶狗，高 9.5 厘米 长 14.5 厘米
13　陶鸡，高 10 厘米 宽 15 厘米

西安航天城北朝墓人物俑，采自西安市文物保护考古研究院《西安航天城北朝墓发掘简报》，《文博》2014年第5期，第12～17页。

人物俑

北魏 (386 ~ 534 年)
高 23 厘米 宽 11 厘米
2019 年大同开源美域北魏墓地出土
大同市考古研究所藏

人物俑

北魏（386～534年）
高 29 厘米　宽 11 厘米
2019 年大同开源美域北魏墓地出土
大同市考古研究所藏

　　此组人物俑为生活类的侍俑与劳作俑，应为北魏贵族家仆的体现。

　　通体施酱黄色，头戴风帽，垂裙及肩，帽顶有十字形刻痕，应代表用线缝制，帽与垂裙之间有扎带一圈，帽后有弧线两条和八字形刻痕，表明在此处挽结。上身着长襦，下身着曳地长裙。

人物俑

北魏（386～534年）
高 22 厘米　宽 12 厘米
2019 年大同开源美域北魏墓地出土
大同市考古研究所藏

粳米粥瓶

北魏（386 ～ 534 年）
高 13.5 厘米 口径 7.5 厘米 腹径 10.4 厘米
2016 年大同新旺商贸北魏墓地出土
大同市考古研究所藏

　　此组器物表面有墨书文字，表明其用途。
山西汉代墓葬中亦发现有类似器物。

陶罐墨书"白粱米""盐豉""稻米一器"，山西运城董家营汉墓 M15 出土，采
自山西省考古研究院、山西省考古学会编《山西"十三五"重要考古发现出
土文物》，山西人民出版社，2022 年，第 197 ～ 199 页。

酒瓶

北魏（386～534 年）
高 12.7 厘米 口径 5.8 厘米 腹径 10.3 厘米
2016 年大同新旺商贸北魏墓地出土
大同市考古研究所藏

乳瓶

北魏（386～534 年）
高 10.9 厘米 口径 7.4 厘米 腹径 9.7 厘米
2016 年大同新旺商贸北魏墓地出土
大同市考古研究所藏

　　此陶瓶肩部墨书二字似为"乳瓶"。奶制品是北方草原民族日常饮食中不可或缺的美食，一般以牛奶、羊奶、马奶为原料。随着少数民族大量迁居中原，黄河流域因战乱而荒芜的大片土地变为牧场，畜牧业得到很大发展，饮酪之风逐渐传开。"南人饮茶，北人食酪"为北魏时的风尚，但随着民族融合的发展，南北饮食习惯也在互相渗透。

石砚台

北魏（386～534年）
高 9 厘米 长 27 厘米 宽 23 厘米
2018 年大同悦城帝景北魏墓地出土
大同市考古研究所藏

文
明
丽
迹
——
北
魏
平
城
与
云
冈
石
窟
艺
术

　　此砚灰砂岩制成，具有明显的鲜卑化特征。砚堂呈方形，
有一耳杯形砚池，砚池一侧雕刻龙纹，笔插饰以莲瓣纹。
　　《释名》云："砚者，研也。可研墨使和濡也"。砚最初
仅作为一种研磨器，汉代砚已获得长足进展，以圆形、长方形
石砚为主，装饰辟邪、龙纹、熊足等。十六国北朝时期，汉砚
规制与北方民族文化融合，创制四方形砚，且常带浓郁外来文
化特征装饰。同时北朝亦承袭魏晋之风，流行马蹄足圆形砚。

魏晋南北朝石砚台

①　　　　　　　　　　　　　②

③

① 东汉卧虎盖三足石砚，上海博物馆藏，采自上海博物馆编《惟砚作田：上海博物馆藏砚精粹》，上海书画出版社，
　　2015 年，第 27 页。
② 方形石砚，辽宁北票北燕冯素弗墓出土，辽宁省博物馆藏，采自辽宁省博物馆编著《龙城春秋：三燕文化考古
　　成果展》，文物出版社，2021 年，第 112 页。
③ 方形石砚，大同城南轴承厂北魏遗址出土，采自大同市博物馆编、王利民主编《平城文物精粹——大同市博物
　　馆馆藏精品录》，江苏凤凰美术出版社，2016 年，第 76 页。

神兽镜

汉代（公元前 206 ～公元 220 年）
直径 9 厘米
2017 年大同金茂园 B 区北魏墓地出土
大同市考古研究所藏

此镜饰以 3 只首尾相逐的神兽。除了照容这一实用功能外，铜镜往往还被人们寄予美好的祈望。汉代铜镜上常出现各式各样的瑞兽禽鸟等图像，在汉人的观念中，它们可以帮助人们辟御妖邪、趋吉呈祥。

博局镜

汉代（公元前 206 ～公元 220 年）
直径 17.5 厘米
2017 年大同金港园北魏墓地出土
大同市考古研究所藏

此铜镜属日用器，或由汉代沿用至北魏。镜背以 T、L、V 形纹饰为布局，往往具有"法象天地"的寓意，因其与汉代流行的"六博"游戏棋布局相类，故一般称博局镜或规矩镜。

随着陆上、海上丝绸之路的开通，汉王朝与沿线各国的贸易和交流愈加频繁，汉式镜在中亚、东亚、东南亚均有发现。

陶灯

北魏（386～534年）
高30厘米 口径17厘米 底径17厘米
2019年大同悦城帝景北魏墓地出土
大同市考古研究所藏

　　灯盏外侧饰不规则水波纹，应为烧制前随意刻画而成。灯柱装饰绳纹、水波纹。水波纹在鲜卑早期文化中已存在。

　　北魏平城灯具的使用和发展得益于吸收汉文化，其主流源于魏晋时期灯具，亦见有南朝风格灯具，体现了文化传承与民族融合。

陶多枝灯，大同雁北师院北魏墓群出土，大同市博物馆藏，采自大同市博物馆编、王利民主编《平城文物精粹——大同市博物馆馆藏精品录》，江苏凤凰美术出版社，2016年，第109页。

族群汇聚

　　北魏太武帝拓跋焘统一北方，丝路畅通，北魏平城成为了胡汉杂糅的大舞台。随着多元族群的血脉融合和文化交流，南北传统、外来风尚在此汇聚一堂，使北魏平城成为气象万千的文明都会，社会风貌日新月异。

386 年~ 494 年北魏强制迁徙人口汇总表：		
人口来源	次数	民族
山东六州	6	鲜卑、汉、匈奴、羯、高丽、东胡其余各部、丁零
关中长安	5	羌、鲜卑、汉、匈奴、杂胡、氐
河西凉州	4	匈奴、羌、汉、卢水胡
东北和龙	5	鲜卑、汉、高丽、匈奴、氐、高车
青齐地区	4	汉、鲜卑
北方其他少数民族及北魏境内其他民族	7	库莫奚（奚）、高车诸部、鲜卑、东胡其余各部、柔然、氐、羌、匈奴、羯、杂胡

南人群体

　　司马金龙为晋宗室后裔，晋宣帝司马懿之弟司马馗的九世孙。墓表显示其祖籍为河内郡温县（今河南温县），即两晋皇族司马氏的籍贯。在北魏历任显官的司马金龙拥有汉和鲜卑两族的血统，母亲与妻子均为北魏统治阶级的上层人物。

　　北魏统治者多次从各地大批迁徙汉族和其他民族人民到都城平城附近，特别是大力起用汉族才学之士，推重与提倡汉文化。北魏重用司马金龙家族，以其晋宗室后裔身份来树立正统，为统一北方后进而"南荡瓯吴，复礼万国"制造声势，并且可以树立正面形象，进一步招降南人。司马金龙家族作为北奔南人中的一支，在北魏王朝获得了相当成功的发展。

司马金龙墓墓表拓片

⑥

⑦

⑧

①大同北魏冯太后永固陵石券门，太和十四年（490年），中国国家博物馆藏，编者摄。

②大同北魏司马金龙墓漆屏风，太和八年（484年），大同市博物馆、山西博物院藏，采自深圳博物馆编《平城·晋阳：山西出土北朝文物精品》，文物出版社，
2024年，第52-53页。司马金龙为晋宗室后裔。

③大同北魏沙岭7号墓出行图壁画，太延元年（435年），采自大同市考古研究所《山西大同沙岭北魏壁画墓发掘简报》，《文物》2006年第10期，第16页。
墓主人为"破多罗太夫人"，破多罗氏原居地在安定高平，今宁夏固原。破多罗太夫人及其夫、子应是在北魏统一关陇的过程中来自后秦或赫连夏的移民。

④大同北魏毛德祖妻张智朗画像石椁（局部），和平元年（460年），采自持志、刘俊喜《北魏毛德祖妻张智朗石椁铭刻》，《中国书法》2014年第7期，第121页。
张智朗祖籍太原郡榆次县。

⑤大同北魏邢合姜墓画像石椁（局部），皇兴三年（469年），大同市考古研究所供图。墓主为韩受洛拔之妻邢合姜，韩受洛拔为幽州燕郡安次县人，邢合
姜祖籍定州河涧郡，后为长安冯翊郡万年县人。

⑥大同北魏宋绍祖墓铭砖、石椁，太和元年（477年），山西博物院藏，采自深圳博物馆编《平城·晋阳：山西出土北朝文物精品》，文物出版社，2024年，
第34～35页。墓主人为敦煌公宋绍祖。

⑦大同北魏尉迟定州墓石椁，太安三年（457年），大同市博物馆藏，采自大同市博物馆编、王利民主编《平城文物精粹——大同市博物馆馆藏精品录》，
江苏凤凰美术出版社，2016年，第81页。尉迟氏原居大非川，在吐谷浑境内，属西部鲜卑。北魏道武帝天兴六年（403年），朔方尉迟部别帅率万余家内属，
入居云中。这大概是尉迟氏入魏的原因。

⑧大同北魏梁拔胡墓山林狩猎、宴乐杂耍壁画，和平二年（461年），大同市博物馆藏，采自南京博物院编《琅琊王——从东晋到北魏》，译林出版社，2018年，
第114～119页。墓主人梁拔胡应为匈奴休屠种之安定高平梁氏，与破多罗氏同乡，也是来自后秦或赫连夏的移民。

平城实力的集聚

从拓跋珪复国到北魏建都平城后，北魏征服的政权区域及其在南北战场上掳获的人口和财物大部分都集中在平城。这个数字相当庞大，最保守的估计也在百万人之上，强制迁出的地域如山东六州、关中长安、河西凉州、东北和龙以及青齐地区都是当时经济富庶、文化发达的地区。在迁徙的过程中，北魏统治者还注重对人才和伎巧的搜罗。

①

②

③

④

⑤

石帐座

北魏太和八年（484 年）
通高 16.5 厘米 边长 32 厘米
1965 年大同司马金龙墓出土
山西博物院藏

帐座顶部莲花形，鼓部高浮雕镂空蟠龙与白虎，首尾相接，行于仙山之上。方座四角圆雕伎乐童子作击鼓、吹竽篥、弹琵琶和吹排箫状。方座四周胡人乐伎 8 人与缠枝花纹相间而饰。

此帐座雕刻生动，线条有力，在继承和发展中国雕刻技法的同时吸收外来艺术精髓，融合民族文化，推陈出新，堪称杰作。

司马金龙墓俑群

北魏釉陶上承汉魏传统，下启隋唐新风。大同地区北魏墓葬出土的形态各异的釉陶俑，新创发明的
各色釉料，独特的彩绘釉陶，貌似粗朴，却极具艺术张力。大同司马金龙墓出土的骑马俑，明显有十六
国时期的褐釉马的遗风，人面镇墓兽、胡人牵驼俑、抬腿马的意匠等，直接被后世的隋唐所继承。该墓
出土釉陶，所见釉色有黑、褐、绿、青绿、灰蓝、褐红加绿、褐加白、彩绘等，色彩变化丰富，前所未有，
反映出北魏窑工在拓展釉彩的丰富性方面做出的积极探索。其中黑釉、褐釉、青绿釉，被东魏、北齐发
扬光大。特别是褐红加绿釉、褐加白釉，可视为北齐黄绿彩与唐三彩工艺的滥觞。

司马金龙墓俑群（大同市博物馆供图）

鸡冠帽骑马俑

北魏（386～534 年）
高 30.5 厘米
1965 年大同司马金龙墓出土
山西博物院藏

　　此组 10 件彩绘釉陶俑皆为北魏司马金龙墓出土，包括
风帽仪卫俑、武士俑、甲骑具装俑、鸡冠帽骑马俑、侍俑等
北魏时期出行仪仗的重要类型，反映墓主人司马金龙生前的
尊贵及其出行的盛大场面。

鸡冠帽骑马俑（2 件）

北魏（386 ～ 534 年）
通高 27 厘米 长 28 厘米
1965 年大同司马金龙墓出土
大同市博物馆藏

甲骑具装俑

北魏（386～534年）

通高 27 厘米 长 27 厘米

1965 年大同司马金龙墓出土

大同市博物馆藏

　　甲骑具装是魏晋南北朝时期的重要骑兵甲胄。司马金龙墓出土的这类重装骑兵史书上称"甲骑具装"。据南朝《宋史·仪卫志》载："甲骑具装：甲，人铠也；具装，马铠也。"据研究，这种重装骑兵盖始于西亚安息（帕提亚）和萨珊王朝，斯基泰人墓葬中发现了最早的重甲骑兵形象。中国魏晋十六国时期，甲骑具装开始兴起，很可能与中外文明交流有关。南北朝时期迅速发展，成为南北方主力军的核心装备，隋唐时期衰落。"甲骑具装"在北方草原民族对阵南方农耕民族战争中具有强大的冲击力和优势。由于隋唐时期战争双方主要在西北地区或草原上进行，行动迅速的轻甲骑兵成为唐代军队的核心。

釉陶风帽俑（2 件）

北魏（386 ～ 534 年）
通高 22.5 厘米　底座直径 9 厘米
1965 年大同司马金龙墓出土
大同市博物馆藏

釉陶风帽俑

北魏（386～534 年）
高 23 厘米
1965 年大同司马金龙墓出土
山西博物院藏

武士俑

北魏 (386 ~ 534 年)
高 20.5 厘米
1965 年大同司马金龙墓出土
山西博物院藏

武士俑（2 件）

北魏 (386 ~ 534 年)
通高 20.5 ~ 21.5 厘米 底座直径约 7 厘米
1965 年大同司马金龙墓出土
大同市博物馆藏

陶牛车

北魏（386～534年）
牛高20.3厘米 长32.5厘米
车高27.2厘米 长30厘米
大同雁北师院北魏墓群出土
大同市博物馆藏

　　牛车出行是魏晋南北朝贵族身份地位的重要象征。作为马背上的游牧
民族，拓跋鲜卑本无车制，公元405年，拓跋珪仿汉制，创立了车舆制度，
这是拓跋鲜卑深入汉化和建立中央集权礼仪的制度实践，也是民族文化交
融的见证。北魏官员出行的仪仗未见于史书记载。考古出土不少北魏牛车
模型，反映了北魏贵族沿袭魏晋士风。

(031)

铜鐎斗

北魏 (386 ～ 534 年)

通高 15 厘米 口径 18.5 厘米 通长 32.5 厘米

2018 年大同新旺北魏墓地出土

大同市考古研究所藏

  龙首曲柄，柄与器身之间加铸金属条，形成穿孔，便于携带。

  鐎斗主要流行于汉唐时期。其功能、名称多有争论，有人认为它是温酒器，也有人认为是敲击警众的刁斗，还有人说是煮茶的用具。考古发现的北朝时期鐎斗多与成套的盘、碗、壶组合在一起，应该与饮食有关。

北方瓷器

　　北方瓷器生产始于何时，是中国陶瓷史上的重要问题。《中国陶瓷史》认为："北方青瓷的生产究竟始于何时，目前还没有充分的材料可以说明。据出土实物考察，推测其始于北魏晚期，可能是合理的。"事实上，北魏墓葬所出青瓷数量有限又都为南方所产，真正意义上北方青瓷的出现，目前仅能落实至北齐晚期。以下附图为北魏时期输入平城地区的南方青瓷。

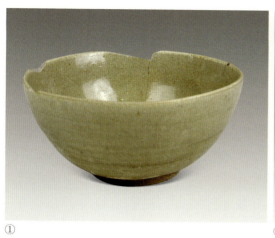

①青瓷碗，大同沙岭北魏 M23 出土，大同市博物馆藏。
②青瓷六系罐，大同北魏张志朗墓出土，大同市博物馆藏。
③青瓷唾壶，大同北魏司马金龙墓出土，大同市博物馆藏。
采自深圳博物馆编《平城·晋阳：山西出土北朝文物精品》，文物出版社，2024 年，第 24 ～ 26 页。

 （032）

瓷碗

北魏（386 ～ 534 年）
通高 4.5 厘米　口径 9 厘米
2017 年大同金茂园北区北魏墓地出土
大同市考古研究所藏

　　南朝青瓷器，由南朝传入北方。在我国陶瓷史上，魏晋至北朝早中期北方出土的青瓷多为南方窑口烧制。北方的青瓷烧造直到北朝晚期才逐渐展开。

青瓷鸡首壶

北魏（386 ～ 534 年）
通高 25.5 厘米　口径 9.8 厘米　腹径 19.5 厘米　底径 13.5 厘米
大同柳泉南街出土
大同市考古研究所藏

　　东汉末年，南方成熟青瓷的成功烧造是中国陶瓷科技发展的重要里程碑。魏晋南北朝时期是青瓷发展的第一个高峰。南方青瓷成熟较早，魏晋时期已广泛流行，南朝时取得快速发展。北朝中晚期，南方青瓷技术随着南北交流的加强传至北方。至北朝晚期，北方青瓷崛起并开始走向成熟。

　　北朝鸡首壶，是受三国、晋、南朝以来流行鸡首壶影响的产物。东汉应劭撰《风俗通义》"雄鸡"条引《山海经》曰："祠鬼神皆以雄鸡"，应劭又说："鸡主以御死避恶也"。丧葬用鸡首壶，有避恶、就吉之意，是古人借鸡为亡者"鸣阳引魂"的一种风俗。

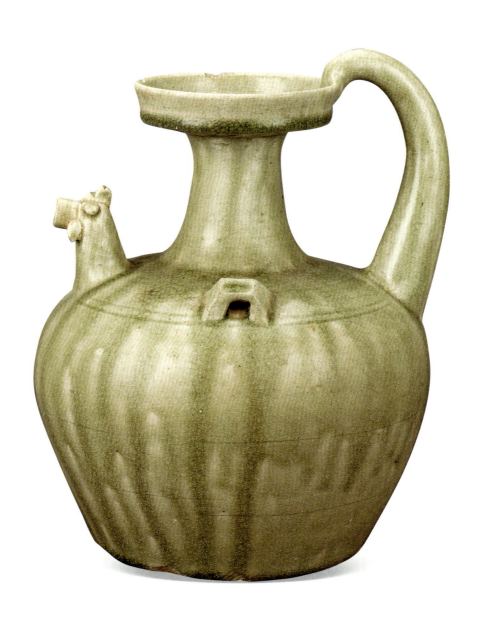

 034

陶鸡首壶

北魏（386～534 年）
高 22 厘米 口径 9.5 厘米 腹径 16 厘米
2016 年大同华唐城北魏墓地出土
大同市考古研究所藏

　　鸡首壶始见于西晋，通常为青瓷器，此陶壶为北朝人参照南方瓷质鸡首壶制作的仿制品，是南北文化交流的产物，更是北方倾慕南朝文化的物证。
　　早期鸡首壶的流口多为实心，不能出水。至东晋时期，流口疏通，成为这一时期南方的主要日用瓷器之一，代表南方汉人的器用风尚。

彩绘陶盖罐

北魏（386 ～ 534 年）
通高 15 厘米　口径 10.2 厘米　腹径 20.4 厘米
盖直径 13.5 厘米
2017 年大同贾宝墓出土
大同市考古研究所藏

　　陶盖罐通体涂朱，器身肩部饰弦纹，颈肩交接处贴塑 7 个团莲图案，以黑彩绘莲瓣。此类随葬品流行于 5 世纪中叶的平城墓葬中。

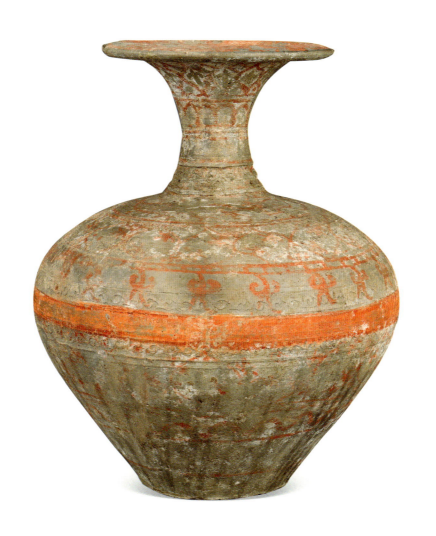

彩绘陶壶

北魏（386～534年）

高23厘米 口径10.4厘米

2017年大同贾宝墓出土

大同市考古研究所藏

　　泥质灰陶。器身饰多组立体的忍冬纹装饰带。器表整体涂白后再施红彩，饰以莲瓣纹、忍冬纹、水波纹、弦纹等，均为平城时期流行的装饰纹样，反映了多元文化交织的社会风貌。

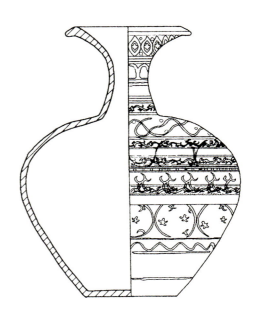

037

彩绘陶魁、陶勺

北魏 (386 ~ 534 年)

高 7 厘米 直径 17.2 厘米 底径 8.8 厘米

2017 年大同御龙庭北魏墓地出土

大同市考古研究所藏

　　《说文解字》载："魁，羹斗也。"民间用木制或陶制的，上层贵族用铜魁或漆魁。有的柄装饰为龙首形状。出土时往往魁里放着勺，应为配合使用。

　　此陶魁内外壁均有彩绘，内壁画有龙、凤等汉地传统瑞兽图像。

山西省考古研究院供图，线图绘制：孙先土

歌舞百戏

胡人在汉地从事歌舞百戏生业的身影，在两汉以来的文学作品、图像遗迹中屡见不鲜。北魏平城墓葬多见伎乐俑、杂技俑，云冈石窟中亦雕刻有乐器演奏、民间百戏等场面。

①

②

① 杂技俑群，大同雁北师院北魏墓群 M2 出土，山西博物院藏，采自冯骥才总主编、陈云岗主编《中国大同雕塑全集：馆藏雕塑卷》，中华书局，2011 年，第 83 页。
② 橦倒伎乐雕刻，云冈第 38 窟北壁，采自张焯主编《云冈》，江苏凤凰美术出版社，2011 年，第 204 页。

⑲
杂技俑

北魏（386～534 年）
高 22 厘米 宽 14 厘米
2017 年大同金茂园 B 区北魏墓地出土
大同市考古研究所藏

陶俑为力士形象，额头正中有圆洞，应是表演寻橦节目的杂技人物。

平城墓葬流行随葬成组的杂技俑和歌舞俑，包括杂技表演、奏乐、跳舞、旁观喝彩等各类人物，其中不乏胡人俑。

陶骆驼

北魏（386～534年）
高15.5厘米 宽21厘米
大同雁北师院北魏墓群M2出土
大同市博物馆藏

　　骆驼张嘴嘶鸣，似欲起身站立。雕刻细腻，形象
逼真，反映了北魏雕塑匠师深刻的观察能力和高超的
工艺技巧。

　　中原地区本不产骆驼，随着丝路畅通，骆驼的养
殖技术得到传播与普及。在民族大融合的北魏平城时
期，骆驼是不可缺少的运输工具，既可驮物，又可乘骑，
是丝路文明的象征。

古典的微笑

　　无论是慈悲的神佛，抑或忙于俗务的世人，北魏艺术的人物形象大多面带微笑。目前发现的这一时期世俗人物形象，从服装打扮和体貌特征来看多属鲜卑人，但是表现手法颇具汉魏遗风，气度神韵已浸润佛道精神。他们或自在、或雀跃的神态极富感染力，不禁令人想象一千五百多年前的北魏平城时代是怎样欣欣向荣、繁荣富足的光景。

①

②

③

①沙岭七号墓墓主夫妇像（漆画残片），大同市考古研究所《山西大同沙岭北魏壁画墓发掘简报》，《文物》2006年第10期，第13页。

②～③云波路壁画墓宴饮图（壁画局部）、大同天泰街北魏墓地，采自山西省考古研究院、山西省考古学会编《山西"十三五"重要考古发现出土文物》，山西人民出版社，2022年，第211、218页。

人物俑

北魏（386～534年）
高36厘米　宽15厘米
2019年大同悦城帝景北魏墓地出土
大同市考古研究所藏

　　男俑。面容丰满，长眉细目，笑容开朗。梳高髻，发尾卷收圆形马尾。身着棕色圆领胡服和裤装。

人物俑

北魏（386～534 年）
高 39 厘米 宽 15 厘米
2019 年大同悦城帝景北魏墓地出土
大同市考古研究所藏

男乐俑身着棕色左衽交领窄袖胡服。双手持钹作打击状，造型生动。

北魏统治阶级提倡乐舞，不仅影响到世俗生活、佛教艺术，也渗透到丧葬习俗中，大同地区的北魏墓葬中不乏乐舞形象。北魏时期富有少数民族特色和异域风采的乐舞文化也为隋唐乐舞的繁荣奠定了基础。

042

人物俑

北魏（386～534年）
高35厘米 宽15厘米
2019年大同悦城帝景北魏墓地出土
大同市考古研究所藏

　　梳双高髻，前耸。身着黑色圆领胡服，
双手执物置于胸前。

人物俑

北魏（386 ～ 534 年）
高 36 厘米　宽 10 厘米
2019 年大同悦城帝景北魏墓地出土
大同市考古研究所藏

 044

人物俑

北魏（386～534年）
高30厘米 宽15厘米
2019年大同悦城帝景北魏墓地出土
大同市考古研究所藏

　　女俑，面部敷粉、带妆。身着左衽交领窄袖长裙，呈坐姿。
左手持物垂置于左膝，右臂上举，右手有圆孔，呈握状。

(045)

人物俑（2件）

北魏（386～534年）
高29厘米　宽15厘米
2019年大同悦城帝景北魏墓地出土
大同市考古研究所藏

 046

人物俑

北魏（386～534年）
高29厘米 宽15厘米
2019年大同悦城帝景北魏墓地出土
大同市考古研究所藏

女俑

北魏（386 ～ 534 年）
高 9 厘米　最宽处 6.5 厘米
2017 年大同金港园北魏墓地出土
大同市考古研究所藏

　　女俑面带微笑，头戴垂裙皂帽，中间下凹有十
字缝缀，下有齐肩垂裙。眉心、脸颊、下巴处点红。
脸部轮廓勾了红线，面部被塑造得更加立体，从中
可以清晰地看到当时的女性妆容。

女俑

北魏（386 ～ 534 年）
高 14.5 厘米　最宽处 8 厘米
2017 年大同金港园北魏墓地出土

　　在上妆之前，女子脸部敷白，再抹胭脂、画
黛眉、染鹅黄或贴花钿、点面靥（酒窝处）、描
斜红、涂唇脂。战国开始女子敷铅粉为"白妆"，
北魏时期流行用米粉。贾思勰的《齐民要术》记
载了米粉的调和方法。鬓角处描斜红的妆容也是
始于南北朝时期。

人物俑

北魏（386 ~ 534 年）
高 28 厘米　宽 12 厘米
大同悦城帝景北魏墓地出土
大同市考古研究所藏

　　女俑。髻梳于一侧，上方插梳。身
穿交领窄袖襦裙，上有斑状装饰。

人物俑

北魏（386～534年）
高35厘米 宽12厘米
大同悦城帝景北魏墓地出土
大同市考古研究所藏

　　女俑。头戴垂裙皂帽，身着交领窄
袖襦裙，是典型的鲜卑人物打扮。

人物俑

北魏（386～534 年）
高 45 厘米 宽 13 厘米
2019 年大同悦城帝景北魏墓地出土
大同市考古研究所藏

　　女俑，面部敷粉、带妆。头戴垂
裙皂帽，身着棕色左衽交领窄袖曳地
长裙，右手托杯于胸前。

文明丽迹——北魏平城与云冈石窟艺术

人物俑

北魏（386～534年）
高36厘米 宽15厘米
2019年大同悦城帝景北魏墓地出土
大同市考古研究所藏

　　女俑。头戴垂裙皂帽，身着棕色左衽交领窄袖
曳地长裙，手中所执之物分别类于耳杯、皮囊壶。

人物俑

北魏（386～534年）
高45厘米　宽13厘米
2019年大同悦城帝景北魏墓地出土
大同市考古研究所藏

　　女俑。头戴垂裙皂帽，身着黑色左衽交领窄袖
曳地长裙，左手执瓶，右手托杯。

文明丽迹——北魏平城与云冈石窟艺术

054

人物俑

北魏 (386 ～ 534 年)
高 36 厘米 宽 13 厘米
2019 年大同悦城帝景北魏墓地出土
大同市考古研究所藏

　　女俑，面部敷粉、带妆。头戴垂裙皂帽，
身着黑色左衽交领窄袖曳地长裙，左手执巾。

055

人物俑

北魏 (386 ～ 534 年)
高 36 厘米 宽 15 厘米
2019 年大同悦城帝景北魏墓地出土
大同市考古研究所藏

　　女俑。头戴垂裙皂帽，身着黑色左
衽交领窄袖曳地长裙。左手执巾。

平城时尚

　　来往于平城与西域的使者、商旅不绝如缕，多民族的汇聚为平城带来新的风尚。大同北魏墓葬出土的首饰类装饰品数量较多，串饰类装饰品更是材质多样，组合形式繁复，反映出北魏平城时期的审美取向以及文化交融的特点。有学者指出"鲜卑人不论男女皆重装饰，尤喜用金银"。

①　　　　　　　②　　　　　　　③　　　　　　　④　　　　　　　⑤　　　　　　　⑥

①～②金耳饰、串饰，大同恒安街北魏墓出土，大同市博物馆藏，采自大同市考古研究所《山西大同恒安街北魏墓(11DHAM13)发掘简报》，《文物》
　　2015年第1期，第18-19页。
③彩绘陶女舞俑，2000年大同雁北师院北魏墓群出土，大同市博物馆藏。
④云冈第13窟菩萨，采自张焯主编《云冈石窟全集》第十一卷，青岛出版社，2018年，第125页。
⑤云冈第11窟菩萨，采自张焯主编《云冈》，江苏凤凰美术出版社，2011年，第138页。
⑥云冈第6窟菩萨，采自张焯主编《云冈石窟全集》第三卷，青岛出版社，2018年，第215页。

 (056)

金耳饰（7件）

北魏（386～534年）
耳环直径1.7～2.1厘米 金珠直径1.2厘米
2017年大同金港园北魏墓地出土
大同市考古研究所藏

　　这组金耳饰包括三件耳环和四粒金珠。耳环的下方焊接有一个或数个小金环，用于连缀金链及各类珠饰；四粒金珠皆穿有小孔，原为耳环下方所缀连串饰的一部分。

金指环（4件）

北魏（386～534年）
直径2厘米
2017年大同红旗街北魏墓地出土
大同市考古研究所藏

铜戒指

北魏（386～534年）
通高2厘米　戒面直径3.5厘米
2016年大同华唐城北魏墓地出土
大同市考古研究所藏

　　戒圈和戒托为铜质，戒面边缘粘焊联珠形
饰带，镶嵌物已不存，原本为尺寸较大的宝石
或半宝石，如刻徽章则可作为印章使用。

铜镯

北魏（386 ～ 534 年）
直径 7.5 厘米
2016 年大同新旺商贸北魏墓地出土
大同市考古研究所藏

银镯（2 件）

北魏（386 ～ 534 年）
直径 7 厘米
2017 年大同金港园北魏墓地出土
大同市考古研究所藏

金镯（2件）

北魏（386 ～ 534 年）

直径 7.5 厘米

大同华宇二期北魏墓地出土

大同市考古研究所藏

　　实心金镯，截面方形，造型简洁。

玉镯（2件）

北魏（386 ～ 534 年）

直径 7 厘米

2017 年大同金茂园 B 区北魏墓地出土

大同市考古研究所藏

　　迄今为止大同北魏考古发现的唯一一对玉镯，保存完好。

四方都会

95

珠饰

北魏（386 ～ 534 年）

长 13 厘米

2016 年大同华唐城北魏墓地出土

大同市考古研究所藏

　　大同北魏平城时期墓葬中出土的串饰材质多样，包括金、珍珠、玛瑙、琥珀、水晶、煤精石、海贝、玻璃、绿松石等，门类众多，在当时属于奇珍异宝。

　　西域诸国物产颇丰。获取珠饰及其原料有多种渠道，其中外邦朝贡、丝路贸易和战争掠夺为主要来源。北魏"于南垂立互市，以致南货"，南部边境的贸易也是诸如珍珠、海贝等舶来品的重要来源。

珠饰

北魏（386 ～ 534 年）

长 36 厘米

2017 年大同红旗街北魏墓地出土

大同市考古研究所藏

　　这批珠饰由考古工作人员在整理过程中，以墓葬为单位缀连成串。这些珠饰的原本用途可能为颈饰、手串或衣物的装饰件。

珠饰

北魏（386 ～ 534 年）
长 14 厘米
2017 年大同金港园北魏墓地出土
大同市考古研究所藏

珠饰

北魏（386 ～ 534 年）
长 17 厘米
2017 年大同金茂园北区北魏墓地出土
大同市考古研究所藏

珠饰

北魏（386 ～ 534 年）
长 9 厘米
2019 年大同悦城帝景北魏墓地出土
大同市考古研究所藏

(068)

琥珀饰件

北魏（386 ～ 534 年）
长 2.6 厘米
2017 年大同红旗街北魏墓地出土
大同市考古研究所藏

　　圆雕兔形，中部穿孔。《汉书·西域传》记载，罽宾国出产"珠玑、珊瑚、虎魄、璧流离"。《魏书·西域传》则记载，罽宾国"其人工巧，雕文刻镂……每使朝献"。

(069)

骨簪（8 件）

北魏（386 ～ 534 年）
长 11 ～ 18.5 厘米
大同市考古研究所藏

1、2、3、4：大同红旗街北魏墓地出土
5、6：大同金港园北魏墓地出土
7：大同金茂园 B 区北魏墓地出土
8：大同新旺商贸北魏墓地出土

金饰片（4 件）

北魏（386 ～ 534 年）

直径 3 厘米

2017 年大同红旗街北魏墓地出土

大同市考古研究所藏

　　质地轻薄的黄金饰片，包括水滴形 1 件、花形 3 件。器表穿有固定用的孔洞，原本可能连缀于衣帽一类纺织品表面。

金珠（7 件）

北魏（386 ～ 534 年）

直径 1 厘米

2017 年大同金港园北魏墓地出土

大同市考古研究所藏

　　金珠包括瓜棱形和圆形两种样式。圆形珠满饰小金粒，表面镂空，或为仿外来多面金珠的本土制品。这些金珠原本可能是颈饰的一部分。

铅釉陶

铅釉陶是一种以铅化合物作为基本助熔剂，在约700摄氏度下烧成的低温釉陶。铅不仅可降低釉的熔点，还可以增加釉面亮度。中国的铅釉陶始烧于战国。汉魏传统、佛教文化与西域胡风的碰撞交融，及对各类工艺的借鉴，更凸显了北朝釉陶中西文化深度融合的特点。大同北魏墓群出土一批酱釉仿金属镶嵌装饰陶壶，其模仿的金属镶嵌工艺，明显是受大量进入平城的西域镶嵌金属工艺品的影响。

①　　　　　②　　　　　③

①～②酱釉带盖陶尊、酱釉平沿长颈壶，大同七里村北魏墓群出土，大同市博物馆藏，采自大同市博物馆编、王利民主编《平城文物精粹——大同市博物馆馆藏精品录》，江苏凤凰美术出版社，2016年，第111、114页。
③青釉平沿罐，大同安留庄村出土，山西博物院藏，采自深圳博物馆编《平城·晋阳：山西出土北朝文物精品》，文物出版社，2024年，第23页。

玻璃器

"光映日曜，圆成月盈，纤瑕罔丽，飞尘靡停，灼烁旁烛，表里相形，举兹碗以酬宾，荣密坐之曲宴，流景炯晃以内澈，清醴瑶琰而外见。"西晋诗人潘尼在《琉璃碗赋》中赞玻璃碗之通透。大同地区出土玻璃器种类颇多，有珠、环、耳杯、碗、钵、壶、瓶、水注等。玻璃器的颜色以蓝色为主。制作方法多采用与西亚、地中海相近的吹制法，体现了中国玻璃制造技术的飞跃，是引进与吸收外来先进技术的成功典范。

①　　　　　②　　　　　③　　　　　④

①玻璃碗，大同七里村北魏墓群出土，大同市博物馆藏。
②磨花玻璃碗，大同南郊北魏墓群出土，大同市博物馆藏。
③玻璃注，大同大秦铁路湖东编组站北魏墓出土，大同市博物馆藏。
④玻璃壶，大同迎宾大道北魏墓出土，大同市博物馆藏。
采自大同市博物馆编、王利民主编《平城文物精粹——大同市博物馆馆藏精品录》，江苏凤凰美术出版社，2016年，第58～60页。

金银器

大同南郊出土的高足银杯、银碗等有莨苕植物纹饰、高浮雕人像装饰，带有草原丝路文明的鲜明印记，印证了北魏王朝与西方文明的交往。

①　　　　　②　　　　　③　　　　　④

①～②人物动物纹鎏金高足银杯、錾花人物纹鎏金银碗，大同城南轴承厂北魏遗址出土，大同市博物馆藏。
③～④錾花人物纹鎏金高足银杯、錾花人物纹鎏金银碗，大同南郊北魏墓群出土，大同市博物馆藏。
采自大同市博物馆编、王利民主编《平城文物精粹——大同市博物馆馆藏精品录》，江苏凤凰美术出版社，2016年，第46～51页。

 072

釉陶壶

北魏 (386 ~ 534 年)
高 25 厘米 口径 10.5 厘米 底径 8.3 厘米
2017 年大同金港园北魏墓地出土
大同市考古研究所藏

　　平城釉陶器的年代多在 5 世纪中晚期，是北魏
复兴铅釉陶工艺的产物。釉色常见黑、褐、黄、绿等，
器形或与日用陶器相仿，亦有特殊类型。
　　此壶釉面光亮，颈部和肩部饰有忍冬纹及弦纹，
体现了北魏平城时兴的装饰风尚。

 073

盘口莲花纹釉陶罐

北魏 (386 ~ 534 年)
口径 10.4 厘米 底径 6.4 厘米 高 17.9 厘米
大同七里村北魏墓群出土
大同市博物馆藏

　　器身施黄釉，颈部至肩部饰弦纹多道
以及覆莲纹一周。

(074)

带盖龙纹釉陶罐

北魏（386～534年）
通高 26.5 厘米 口径 12.5 厘米
大同市博物馆藏

此罐通体施黄褐釉，器盖及器身以堆塑、镶嵌等工艺装饰了大量图案，精美异常。器盖顶部堆塑双层莲花一朵，花芯绕器盖捉钮一周镶嵌玻璃，现已风化。近盖沿处堆塑顺时针方向的行龙两条和逆时针方向的人物两躯，皆呈侧身飞行姿态。人物处于二龙首尾之间，戴帽、着长袖上衣及裤，左手上举于头侧，右手后摆于腰际，姿态与飞天相似。

器身的装饰集中于肩部至腹部。罐身肩腹之间饰有多道弦纹，肩部近颈处堆塑双层莲瓣一周，肩部中央堆塑行龙两条、间以兽面。行龙的上下两侧皆饰有各种镶嵌了玻璃的堆塑图形，样式包括莲花、带联珠纹的菱形或圆形等。

龙和兽面是汉地传统装饰纹样，莲瓣和近似于飞天的人物体现了佛教艺术的影响，嵌玻璃的装饰图案则具有模仿中亚、西亚金银器的意味。这件罕见的艺术珍品以龙与莲花为主要装饰内容，它的风格凝聚了北魏平城时代的多元文化要素，是南北朝多民族交流历史的产物。

玻璃瓶

北魏（386～534 年）

高 2 厘米　口径 1.3 厘米　腹径 2.5 厘米

底径 2 厘米

2017 年大同金茂园北区北魏墓地出土

大同市考古研究所藏

(076)

玻璃瓶

北魏（386～534 年）

高 4.5 厘米　直径 2.3 厘米

2017 年大同金港园北魏墓地出土

大同市考古研究所藏

　　通过引进西方的玻璃生产技术和工艺，平城当地已能生产精美的玻璃制品。史载北魏平城时期有大月氏人来华传授西方玻璃制造技法："自云能铸石为五色琉璃，于是采矿山中，于京师铸之。既成，光泽乃美于西方来者……光色映彻，观者见之，莫不惊骇，以为神明所作。"

(077)

仿玻璃碗

北魏（386～534 年）

口径 6.7　高 4.8 厘米

大同红旗街北魏墓地出土

大同市考古研究所藏

　　陶质模型明器，仿萨珊波斯等地流行的磨花玻璃碗造型。

磨花玻璃碗，宁夏固原县北周李贤夫妇墓出土，
宁夏固原博物馆藏，采自宁夏回族自治区固原博物馆、中日原州联合
考古队《原州古墓集成》，文物出版社，1999 年，图版 78。

四方都会

双耳铜罐

北魏（386 ~ 534 年）
通高 8.5 厘米 口径 7 厘米 腹径 13 厘米
2014 年大同铂蓝郡北魏墓地出土
大同市考古研究所藏

　　铜器是南北朝日用器的重要类别，受外来工艺影响的铜器（坊间称"响铜"）在社会上层颇为流行。北朝中后期士族、官员墓的随葬品中有一类铜礼佛用具。此类铜器胎体较薄，器表光素或刻有简单弦纹，属借鉴外来工艺的产品。

银碗

北魏（386 ~ 534 年）
高 5 厘米 口径 13.2 厘米 足径 8.2 厘米
2020 年山西大同七里村北魏墓群出土
大同市考古研究所藏

　　碗内饰弦纹，组成同心圆图案。整体颜色偏黄，应与当时银的提纯技术有关。

银耳杯

北魏（386 ~ 534 年）
高 4 ~ 5 厘米 长 12.8 厘米 宽 7.6 厘米
2015 年征集
大同市博物馆藏

　　耳杯亦名"羽觞""羽杯"等。一说，饮时杯上可插羽毛，意为催人速饮。可用以盛酒或盛羹，盛行于战国、汉代至晋。

金下颌托

北魏（386～534年）

通长20厘米 宽15厘米

2019年大同悦城帝景北魏墓地出土

大同市考古研究所藏

下颌托为丧葬用品，环绕于人头部及下颌后组结于颅顶处，用以固定死者面部以防变形。目前中国境内发现的下颌托共约百件，分布在全国多个地区，以纺织品和金属为主。中国最早的下颌托实物出现于公元前10世纪至公元前8世纪的新疆，北魏时期传入内地。

北魏至唐初的下颌托具有很高的相似性，显著特征是下颌托与额带相连为一个整体。这一时期，在新疆下颌托的基础上继续发展，并且接受了以发达的金属工艺（如合页技术）为主的中亚文化因素。从墓志所反映的墓葬等级和随葬品看，这一时期下颌托的使用者身份较高，大同和内蒙古地区的墓主多为鲜卑贵族。这一时期使用下颌托的墓主性别也发生了较大变化，已知的墓主性别大多为女性，且下颌托表面饰有精美的纹饰，装饰性功能不断强化。

[第二单元]

雕饰奇伟

代京灵岩寺 褒衣博带

武州山石窟寺 胡貌梵相

佛教石刻艺术 中外文化交流 最早

云冈石窟 本土化进程

依山开凿 丰碑 六十余年

大型石窟群

云冈石窟是中国新疆以东地区最早出现的大型石窟群，由北魏皇室贵族开凿营建，旧称"武州山石窟寺"或"代京灵岩寺"，位于今天大同城西16公里的武州山南麓，武州川（今十里河）北岸。石窟依山开凿，东西绵延约1公里。

　　从北魏和平初年（5世纪60年代初）到正光五年（524年），云冈石窟的开凿历经5代帝王、60余年，佛龛约计1100多个，大小造像59000余尊，见证了佛教石刻艺术由胡貌梵相到褒衣博带的本土化进程，是中外文化交流史上的一座丰碑。

武州要塞

　　大同西郊的云冈峪是连接晋北与内蒙古高原的交通要道。北魏郦道元《水经注》卷十三引《魏土地记》："平城西三十里，武州塞口者也。"此处为长城以北的军事要塞，是秦汉抗击匈奴、北魏防范柔然的边关前哨。正如许多修建于丝路沿线关隘或要塞附近的石窟寺，武州塞旁的云冈石窟亦注视、庇佑着千百年间往来于此的旅人。

釉陶板瓦

北魏（386～534年）
长50厘米 宽36厘米 厚1.2厘米
2010年云冈石窟窟顶一区（西区）
北魏佛教寺院遗址出土
云冈研究院藏

砖瓦的尺寸、工艺、纹饰特征，是建筑等级的重要体现。云冈石窟窟顶遗址出土大量灰陶瓦，也有相当数量的黄釉板

瓦，这是目前北方地区最早的一批釉陶板瓦。

施铅釉的砖瓦一般也称"琉璃"或"琉璃瓦"，多见黄、绿、蓝色。由于传统建筑屋顶以板瓦、筒瓦交叠铺设，砖瓦的内侧、后端等部位通常不裸露在外，出于增强摩擦作用和节约成本等考量，琉璃瓦一般不需要周身施釉。釉陶技术两汉已有，但未见用于建筑。已知较早用于建筑的釉陶器物出现于北魏皇家建筑，此后得到推广，尤其在元明清的皇家建筑、官式建筑、宗教建筑中得到广泛应用。釉陶瓦色泽光亮，它的使用大大增强了传统礼仪建筑的气势和观赏性。

083

大板瓦

北魏（386 ～ 534 年）
长 84 厘米　宽 62 厘米
2003 年大同操场城遗址出土
云冈研究院藏

　　大同操场城北魏建筑遗址发现于 2003 年。考古发现表明，该建筑遗址位于北魏平城宫殿区中，采用双阶的高等级建筑形制，建筑材料使用也与方山永固陵、武州山石窟（即云冈石窟）两处皇家工程一致，因此很可能属于宫殿建筑一部分，其年代或在北魏平城时代晚期即献文帝、孝文帝时期。从这件陶板瓦的超大体量也可想象该遗址建筑的恢弘气势。

筒瓦

北魏（386 ～ 534 年）

长 48 厘米 直径 15 厘米 厚 3 厘米

2010 年云冈石窟窟顶一区（西区）

北魏佛教寺院遗址出土

云冈研究院藏

　　云冈石窟窟顶北魏佛教寺院遗址发掘于 2010 年，为典型北魏塔院结构，布局为南北长方形，南部有一座方形塔基，塔基三面分布廊房，其形制与犍陀罗地区佛教寺院以浮屠塔为中心基本相似，这也是我国中原地区最早的寺院遗址之一。该遗址出土的各类遗物为研究北魏佛寺遗址提供了极为重要的实物资料，其中建筑材料如陶质筒瓦、板瓦、瓦当等量为最大宗。

雕饰奇伟

(085)

"传祚无穷"檐头筒瓦

北魏（386～534年）

瓦身长55厘米 瓦径17厘米 瓦厚2厘米

2010年云冈石窟窟顶一区（西区）

北魏佛教寺院遗址出土

云冈研究院藏

(086)

"富贵万岁"檐头筒瓦

北魏（386～534年）

瓦身长50厘米 瓦径16.8厘米 瓦厚2.4厘米

2011年云冈石窟窟顶东区北魏辽金佛教寺院遗址出土

云冈研究院藏

"传祚无穷"瓦当

北魏（386～534年）
直径 15.5 厘米 厚 2.5 厘米
2010 年云冈石窟窟顶一区（西区）
北魏佛教寺院遗址出土
云冈研究院藏

　　瓦当是中国古代建筑屋檐筒瓦前端的装饰物，两汉以来多为圆形，并模印吉祥用语或图案。这组瓦当及筒瓦出土于北魏平城的皇家宫殿、佛寺或陵寝建筑，尺寸规格相当，形制延续汉魏传统。装饰题材主要包括兽面、吉祥用语、佛教纹样等。

　　目前所见的北魏平城瓦当主要出土于皇家建筑以及寺院等重要遗址。北魏平城吉语文字瓦当继承并发展了汉晋遗风，创新尤多，内容主要包括"皇魏万岁""皇祚永延""传祚无穷""大代万岁""延庆益祚""忠贤永贵""政和治穆""永覆群官""忠贤永贵""荩忠奉上""乾坤齐量""富贵万岁""永保长寿"等。相比于汉晋瓦当以"长乐未央""千秋万岁"以及少量诗赋类等为主，北魏平城瓦当多为祈愿北魏皇权统治永续、富贵长寿、群臣忠贤，显示了拓跋鲜卑统治者强烈的政治愿望。瓦当文字书法也极富创造性，总体以隶书为主，兼有楷、篆、草诸体，结体多宽博方正，风格则朴茂醇厚。

　　图案瓦当见有兽面、莲花、莲花化生三种，其中兽面表现的是狮虎一类猛兽龇牙瞪眼的形象，有神兽辟邪的涵义；莲花和莲花化生是新见佛教题材，作为一种流行装饰在南北朝的器用、建筑中广泛应用。

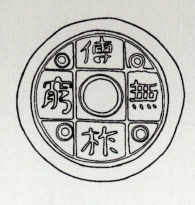

雕饰奇伟

"富贵万岁"瓦当

北魏（386～534 年）
直径 15 厘米　厚 2 厘米　瓦身长 18 厘米
2011 年云冈石窟窟顶二区（东区）
北魏辽金佛教寺院遗址出土
云冈研究院藏

"忠贤永贵"瓦当

北魏（386～534 年）
直径 15 厘米　厚 2 厘米
2006 年大同方山永固陵出土
云冈研究院藏

莲花纹檐头筒瓦

北魏（386～534 年）
瓦身长 19 厘米　瓦径 14.5 厘米
瓦厚 2.5 厘米
2010 年云冈石窟窟顶一区（西区）
北魏佛教寺院遗址出土
云冈研究院藏

文明丽迹——北魏平城与云冈石窟艺术

莲花纹瓦当

北魏（386～534年）

直径 15 厘米 厚 2 厘米

2010 年云冈石窟窟顶一区（西区）

北魏佛教寺院遗址出土

云冈研究院藏

莲花化生童子瓦当

北魏（386～534年）

直径 15 厘米 厚 2 厘米

2010 年云冈石窟窟顶一区（西区）

北魏佛教寺院遗址出土

云冈研究院藏

兽面纹瓦当

北魏（386～534年）

直径 15 厘米 厚 2 厘米

2008 年大同市操场城北魏建筑遗址出土

云冈研究院藏

①

②

③

④

⑤

 094

莲花建筑饰件（一组 5 件）

北魏（386 ～ 534 年）
直径 13.5 ～ 15 厘米 厚 4.7 ～ 5 厘米
① 1993 年云冈石窟东台塔基遗址出土
② ～ ⑤ 2010 年云冈石窟窟顶一区（西区）
北魏佛教寺院遗址出土
云冈研究院藏

　　陶质建筑构件，双层复瓣宝装莲花装饰，瓣尖翘起。中央方孔剖面呈倒"凸"字形，个
别方孔周绕联珠纹圈。这类莲花构件用途尚不明确，或为门簪的饰件。

塔刹相轮

北魏（386～534年）
残高12.5厘米 宽6.4厘米 厚6.4厘米
2010年云冈石窟窟顶一区（西区）
北魏佛教寺院遗址出土
云冈研究院藏

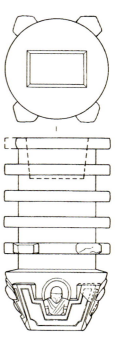

　　佛塔是佛教信仰者圣物礼拜的主要对象之一。该塔刹残件是佛塔最上端部分。现存塔刹为五层，顶部残留一方形榫卯构件，下为方形底座，四面雕山花蕉叶，中央出化生。据朔州马邑博物馆藏北魏天安元年（466年）曹天度九层千佛石塔的塔刹（该佛塔塔身现藏台北历史博物馆）可知，云冈塔刹残件下有主塔部分构建。

　　云冈石窟内亦存有各类北魏佛塔图像，塔刹部分与此基本相似。北魏平城时期塔刹下方山花蕉叶与化生图像样式源于地中海希腊、罗马的石柱艺术，经欧亚大陆传至印度，后为佛教造像所采用，也是东西文明交流的艺术样式之一。北魏后期，随着汉化改革与民族融合的不断进展，中国传统瓦垄屋顶覆盖的阁楼式佛塔逐渐取代了早期石窟寺方形塔的地位，成为云冈晚期佛塔的主流样式。

须弥座

北魏（386～534年）
高11.8厘米 长27厘米 宽26.8厘米
2010年云冈石窟窟顶一区（西区）
北魏佛教寺院遗址出土
云冈研究院藏

　　砂岩质地，打磨光滑。束腰状，平面近方形，前面中部雕刻一博山炉形象。

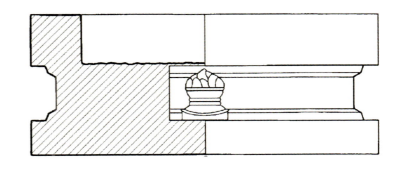

雕饰奇伟

兽首门枕石

北魏（386～534年）
高21厘米 长63厘米 宽30厘米
1993年云冈石窟窟顶东部北魏塔基遗址出土
云冈研究院藏

　　黄砂岩质地的兽首门枕石。此为北魏流行的门枕石形制，在云冈石窟出土多件，北魏平城的墓葬也大量使用相同造型的兽首门枕。现存中国国家博物馆的北魏文成帝冯皇后永固陵（建于484年）墓石券门即有兽首门枕石；北魏明堂遗址亦出土石雕兽首门枕石。

　　据《汉书·西域传》载，张骞通西域后，"殊方异物，四面而至"。汉晋艺术中与狮子相关形象也开始大量涌现。兽首门枕石较早出现在汉代，如河南淮阳北关一号汉墓出土石兽座。北魏这类兽首门枕直接继承了汉晋艺术之遗风。

石刻板

北魏（386～534 年）
高 45.6 厘米 宽 34～37 厘米 厚 3 厘米
2010 年云冈石窟窟顶一区（西区）
北魏佛教寺院遗址出土
云冈研究院藏

　　石板呈梯形，上部正中雕刻一孔和圆拱尖楣龛，龛楣饰忍冬纹。龛内上为鼠形动物，下为鸟，龛外左侧胡跪人物手持的长柄器具探向龛中央。龛外两上隅有一狗、一鼠形动物和一捧钵人物。龛外右侧站立一人和一犬；左侧为一胡跪人物与一狮。

平城佛寺

据《魏书·释老志》记载，从文成帝恢复佛法至孝文帝太和元年仅二十余年间，北魏平城"京城内寺新旧且百所，僧尼二千余人。四方诸寺六千四百七十八，僧尼七万七千二百五十八人"，可见南北朝佛教之盛。可知唐人杜牧所谓"南朝四百八十寺"并无夸大之嫌。

除云冈等石窟寺仍遗存于世，大量的平城佛寺早已湮没于历史长河中，只能通过考古发现窥见昔日的吉光片羽。近年来，大同地区陆续发掘了一批平城时代寺庙遗址，对研究北魏平城的布局、北魏建筑技术和宗教礼制建筑群的分布具有重要意义。

2011 年云冈石窟窟顶东区北魏辽金佛教寺院遗址

2018 年大同古城东北隅塔基遗址发掘现场

泥塑坐佛

北魏（386 ～ 534 年）
高 8.5 厘米 宽 6.2 厘米 厚 3.4 厘米
2011 年云冈石窟窟顶北魏辽金佛教寺院遗址出土
云冈研究院藏

泥塑佛像，袈裟及莲瓣均有红色残迹。坐像着通肩式圆领袈裟，双手结禅定印，结跏趺坐于仰莲座上。该造像具有典型云冈早期艺术风格。

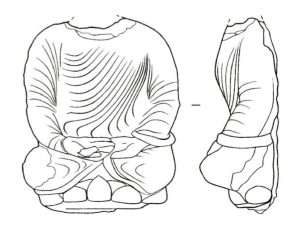

泥塑菩萨头像

北魏（386～534年）
高8.3厘米 宽4.2厘米 厚4.4厘米
2011年云冈石窟窟顶北魏辽金佛教寺院遗址出土
云冈研究院藏

　　菩萨头戴三面宝冠，笑容可掬，从正面的团莲中央凸出发丝相叠的发髻，两侧面为略小的莲花装饰，从花中央垂下一缕发丝。此菩萨头像具有典型中亚及西域佛教艺术风格，当属云冈石窟早期造像。

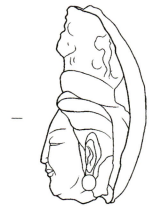

泥塑菩萨头像

北魏（386～534年）
高7.3厘米 宽4.4厘米 厚4.2厘米
2011年云冈石窟窟顶东区北魏辽金佛教寺院遗址出土
云冈研究院藏

　　菩萨束高髻，黑发细密，两耳戴莲花耳珰。

雕饰奇伟

121

泥塑菩萨头像

北魏（386～534 年）
高 13.7 厘米 宽 9.6 厘米 厚 5.5 厘米
2011 年云冈石窟窟顶东区北魏辽金佛教寺院遗址出土
云冈研究院藏

　　菩萨头戴莲花宝冠，缠束联珠纹带。两耳佩莲花形耳珰，耳后两侧为下垂的冠披。面部和冠饰略施红色，颈部有方形插孔。菩萨造型具有典型西域艺术风格，与新疆克孜尔石窟出土造像具有很强的相似性。

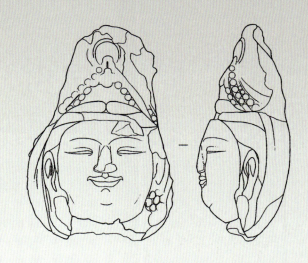

泥塑菩萨头像

北魏（386～534 年）
高 12.5 厘米 宽 11.5 厘米 厚 6.7 厘米
2011 年云冈石窟窟顶东区北魏辽金佛教寺院遗址出土
云冈研究院藏

　　菩萨面相丰腴，耳戴圆饼形耳珰，颈部和头顶贯通一插孔，孔壁残留秸秆状印痕。菩萨面容圆满，眉眼细长半闭，莞尔微笑。整尊造像神形兼备，气韵生动，又显示了早期云冈造像浓郁的西域风格，表现了作为护佑、传道者的菩萨形象。

泥塑供养天神头像、菩萨头像、悲哀者头像，3～5 世纪，
新疆克孜尔石窟寺 77 窟出土，德国柏林亚洲艺术馆藏。

104

陶钵

北魏（386 ~ 534 年）
高 9 厘米 口径 17.7 厘米
2010 年云冈石窟窟顶一区（西区）
北魏佛教寺院遗址出土
云冈研究院藏

　　泥质灰陶，轮制，外壁磨光。为窟顶北魏寺院遗址出土的日用器。此陶钵应为寺院僧人日常使用或寺内供养的用器。

105

陶钵

北魏（386 ~ 534 年）
高 10.1 厘米 口径 18.4 厘米
2010 年云冈石窟窟顶一区（西区）
北魏佛教寺院遗址出土
云冈研究院藏

106

陶灯

北魏（386 ~ 534 年）
高 11.9 厘米 口径 10.2 厘米 底径 12.2 厘米
2010 年云冈石窟窟顶一区（西区）
北魏佛教寺院遗址出土
云冈研究院藏

　　碗形灯盏，圆柱柄，喇叭形底座。为窟顶北魏寺院遗址出土的日用器。

烟寺相望

　　石窟寺既是宗教礼拜的场所，也是僧俗人口的生活区域。北魏郦道元在《水经注》中以"山堂水殿，烟寺相望"描述当时的云冈石窟，可见云冈建筑景观在全盛期之恢弘壮丽。从建筑功能的角度划分，我国多数石窟寺包含礼拜窟、禅窟、僧房窟、瘗窟等多类洞窟，而云冈的洞窟大多属于礼拜窟，性质较为单一。1993、2010、2011年云冈窟顶遗址考古发掘出北魏、辽金时代的佛塔和寺院遗址，逐渐揭开了云冈石窟的功能分区面目。其中2010年发掘的北魏佛教寺院遗址，可能是译经场所或僧侣生活修行区，遗址平面呈中心塔院式布局，与犍陀罗寺院的布局极为相似。

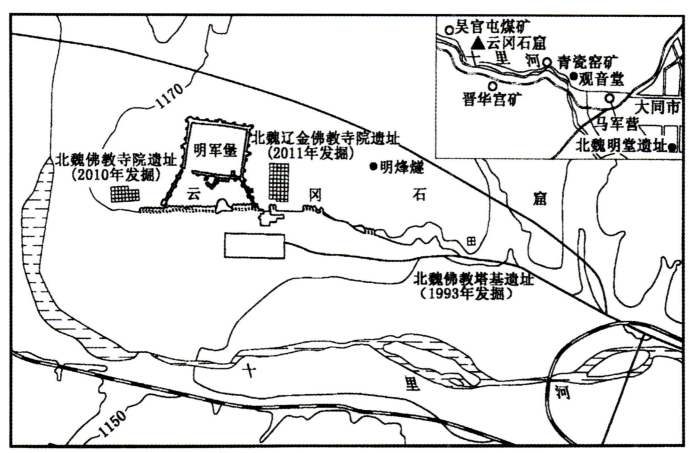

云冈石窟窟顶遗址历次发掘位置示意图

2010年发掘窟顶西区北魏佛教寺院遗址（北—南）

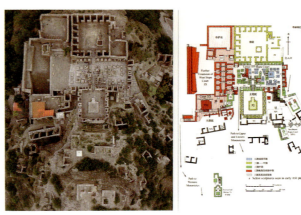

犍陀罗 Takh-i-Bahi 遗址平面示意图

鲁班窑遗址

　　鲁班窑石窟坐落于山西省大同市西郊武州山南麓、云冈石窟西界墙616米处十里河西岸的山丘东端，现存三座大像窟。鲁班窑石窟的始凿时间与云冈石窟一期洞窟接近（始于文成帝时期），且延续至孝文帝迁都洛阳之后，可能也是皇家石窟。研究认为，鲁班窑石窟的性质是比丘尼寺，或即北魏郦道元《水经注》所记载"武州川水又东南流，水侧有石祇洹舍并诸窟室，比丘尼所居也。"

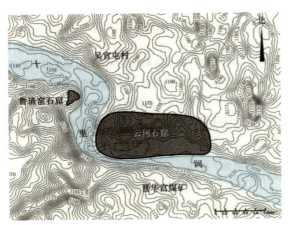
鲁班窑石窟地形位置示意图

鲁班窑石窟外景

佛头像

北魏（386～534年）
高69厘米 宽39厘米 厚43厘米
2018年云冈石窟附近出土
云冈研究院藏

　　此尊属大型圆雕造像，磨光高肉髻，广额丰颐，莞尔微笑，面相俊秀。从形象上判断当属云冈二期造像风格。

佛头像

北魏（386～534年）
高72.5厘米 长40厘米 宽40厘米
2018年云冈石窟附近出土
云冈研究院藏

　　此尊属大型圆雕造像，肉髻高圆，面颊丰盈，目光深邃，莞尔微笑，具恬静妙相。从形象上判断当属云冈二期造像风格。鲁班窑石窟所出大佛头眼睛均凿出眼珠，北魏时期未见为大佛单独镶嵌眼珠的做法。据佛典《金刚经》，佛教将眼分为肉眼、天眼、慧眼、法眼、佛眼等五种层次；佛眼具足

五眼，即具足人、天、二乘、菩萨和佛一切的智慧，是洞察一切而为无上菩提的超凡眼力的体现。

　　据研究，镶嵌眼珠应是辽金时期重装佛像所为，佛眼珠一般以宝石或陶瓷质材料做成。据宿白先生发现的《大金西京武州山重修大石窟寺碑》记载，辽代自重熙十八年（1049年）至天庆十年（1120年）间重修武州山石窟寺，该工程前后持续了70余年，镶嵌佛眼珠大概是这时期的佛像装饰工程之一。据统计，云冈石窟现存17尊大佛，共计遗失眼珠31个。今云冈石窟藏美国堪萨斯纳尔逊博物馆退休董事史协和先生赠送云冈辽代佛眼一件。2006年，日本著名学者冈村秀典披露，京都大学人文科学研究所收藏有云冈石窟第8窟内佛眼珠两件。

雕饰奇伟

天宫伎乐

北魏（386～534 年）
高 26 厘米 宽 58 厘米 厚 10 厘米
2018 年云冈石窟附近出土
云冈研究院藏

　　伎乐天位于仿木构屋檐下的圆拱龛内，两龛龛楣相接处雕刻有带头光的供养天，龛内残存四个演奏不同乐器的伎乐天。伎乐天头梳高髻，斜披络腋，环绕帔帛。

化生童子

北魏（386～534年）
高54厘米 宽20～39厘米 厚15厘米
2018年云冈石窟附近出土
云冈研究院藏

　　云冈石窟化生童子多为从莲花中生出半身，额前垂髻，两
鬓髭发，圆脸盈腮，略含笑意，双手捧物（似为莲蕾），作
虔诚供养状。佛教认为世间有情众生有四种出生方式，即胎生、
卵生、湿生和化生。南北朝石窟造像、壁画中，大量从莲花中
出现佛、菩萨、飞天、童子等诸天人上半身的莲花化生图像。

合十手

北魏 (386 ~ 534 年)
高 16 厘米 宽 10 厘米 厚 8.5 厘米
2014 年云冈石窟附近出土
云冈研究院藏

　　此为造像双手合十的局部，呈诚心祈愿之状。手掌丰润，手指俊秀，精致婉约。

 112

造像背光

北魏 (386 ~ 534 年)
高约 19 厘米 宽约 21 厘米 厚约 9 厘米
2018 年云冈石窟附近出土
云冈研究院藏

　　此石当属佛造像背屏残件，略存坐佛和火焰纹。坐佛或为常见的过去七佛之一，火焰纹则是象征佛陀智慧光明遍照之义。

 113

石刻斗栱

北魏（386～534年）
高约36厘米 宽54厘米 厚约18厘米
2018年云冈石窟附近出土
云冈研究院藏

　　仿木构石刻，形制为一斗二升栱。云冈石
窟造像中也有大量汉式建筑图像，这是佛教艺
术中国化的重要特征之一。

雕饰奇伟

穷诸巧丽

　　北魏文成帝在魏太武毁佛后致力于恢复佛教，僧法果宣扬"皇帝即是当世如来"的理念，为皇家开凿云冈石窟奠定思想基础。和平初年（5世纪60年代），云冈石窟在沙门统昙曜的主持下开始动工，最早一批工程是为北魏前五位皇帝开凿的大像窟，世称"昙曜五窟"，北魏郦道元《水经注》以"真容巨壮，世法所希"赞颂云冈石刻的奇伟。

　　从文成帝开始，经献文帝到孝文帝迁都，皇家经营约四十年，完成了所有大窟大像的开凿。其间，王公大臣、各地官吏、善男信女纷纷以个人、家族、邑社等形式参与石窟建造，或建一窟，或造一壁，或捐一龛，或施一像，遂成就了武州山石窟寺的蔚然大观。

昙曜五窟与帝王崇拜

昙曜五窟是云冈石窟最具代表性的杰作。《魏书·释老志》记述："和平初……昙曜白帝，于京城西武州塞，凿山石壁，开窟五所，镌建佛像各一。高者七十尺，次六十尺，雕饰奇伟，冠于一世。"学界有"昙曜五窟按北魏皇帝形貌雕凿"一说，然而从造像风格看，主尊与胁侍造像的容貌较为一致，皆体现东西方艺术融合的面貌。或应将昙曜五窟主尊佛像理解为北魏皇帝的化身。

事实上将佛像和帝王的崇拜合二为一并非昙曜的首创，在此之前文成帝已命令道人统师贤在平城造北魏五帝的石像和金属造像："诏有司为石像，令如帝身……兴光元年秋，敕有司于五级大寺内，为太祖已下五帝，铸释迦立像五，各长一丈六尺，都用赤金二万五千斤"。

昙曜五窟（云冈第 20～16 窟）主尊佛像

北魏平城时代的帝王

太祖·道武帝 拓跋珪（371～409 年）

　　登国元年（386 年）复立代国，皇始三年（398 年）定国号、由盛乐迁都平城。

太宗·明元帝 拓跋嗣（392～423 年）

　　文武兼备，其治下巩固北魏疆土、调和政治矛盾，起到承上启下的作用。

世祖·太武帝 拓跋焘（408～452 年）

　　在位期间完成统一北方大业，并组织大规模毁佛运动。

恭宗·景穆帝 拓跋晃（428～451 年）

　　毁佛运动期间保护僧团，终年 24 岁，高宗即位后追尊为景穆帝。

高宗·文成帝 拓跋濬（440～465 年）

　　妻文明皇后冯氏。治下平定内乱，恢复佛法，始建云冈石窟。

显祖·献文帝 拓跋弘（454～476 年）

　　崇尚佛教，延兴元年（471 年）传位太子，退居为太上皇。终年 23 岁。

高祖·孝文帝 拓跋宏／元宏（467～499 年）

　　5 岁即位，祖母冯太后执政及其亲政时期推行一系列汉化改革措施。太和十八年（494 年）迁都洛阳。

 莲瓣纹石盒

北魏（386～534 年）
盖口径 19 厘米 高 8 厘米
盒身口径 18.7 厘米 高 7.4 厘米
1992 年昙曜五窟窟前遗址出土
云冈研究院藏

　　犍陀罗地区早期佛教艺术中常见这类莲瓣纹舍利石盒，可知此石盒为用于盛放供奉佛教圣物如舍利或七宝等的舍利盒。该石盒周身、盖顶均刻莲瓣纹，线条饱满简洁；盒底阴刻铭文"妙兴西北方主"，这是目前云冈石窟在北魏造像题记之外的唯一器物刻铭。根据考古报告，云冈石窟 20 号窟前遗址共出土这类莲瓣纹石钵两件，另一件无刻铭，这是汉传佛教遗址发现的具有典型犍陀罗艺术特征的早期舍利盒，对研究中西文明交流与佛教传播具有重要的历史价值。

　　有学者指出，"西北方主"很可能反映了佛教十方世界、十方佛信仰的影响。据笔者略考，单件刻铭舍利石盒较难说明北魏云冈石窟的十方佛信仰；且云冈石窟时期尚未兴起十方佛信仰。笔者推测，此舍利供养盒上"西北方主"或可能指以平城为都城的拓跋鲜卑政权，前面加"妙兴"二字，更多是祈愿北魏王朝的统治兴盛。

北魏莲花纹石盒，1992年于云冈第14窟至第20窟窟前遗址出土

捷陀罗莲花石盒与圣物，约1世纪，美国大都会艺术博物馆藏

捷陀罗黄金舍利函，1～2世纪，大英博物馆藏

雕饰奇伟

135

佛半身像

北魏（386～534 年）
高 47 厘米 宽 40 厘米 厚 24 厘米
1992 年云冈石窟第 20 窟窟前遗址出土
云冈研究院藏

　　头部保存完整，面容丰满，莞尔微笑，右手施无畏印，左半身为现代修补。整体具有云冈早期典型造像风格。

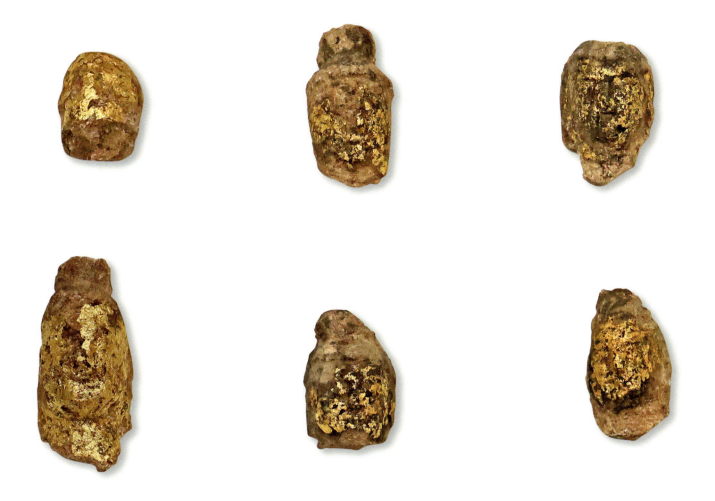

贴金千佛头像（6 件）

北魏（386 ～ 534 年）
高 3.5 ～ 5.5 厘米 宽 2 ～ 3 厘米 厚 2.5 ～ 3 厘米
云冈石窟第 20 窟窟前北魏地层出土
云冈研究院藏

　　云冈 19 ～ 20 窟前北魏地层曾出土一组贴金、
彩绘的千佛龛残件。此为贴金佛头，面容漫漶；共出
的还有尖拱形龛楣和千佛身躯残件，佛装有通肩、袒
右或褒衣博带式多种样式。

云冈第 19 窟西壁千佛

千佛

北魏（386～534年）
高28厘米 宽66厘米 厚25厘米
1992年云冈石窟窟前遗址出土
云冈研究院藏

　　并列多个圆拱尖楣龛，龛内雕结跏趺坐佛，
或结禅定印。高肉髻，面相模糊，着通肩衣、
偏衫衣或双领下垂式袈裟。

千佛

北魏（386～534年）
高 84.5 厘米 宽 57 厘米 厚 21 厘米
1992 年云冈石窟窟前遗址出土
云冈研究院藏

千佛

北魏（386～534年）
高 39 厘米 宽 90 厘米 厚 29 厘米
1992 年云冈石窟窟前遗址出土
云冈研究院藏

(120)
千佛

北魏（386～534 年）
高 28 厘米 宽 47 厘米 厚 16 厘米
1992 年云冈石窟窟前遗址出土
云冈研究院藏

千佛

北魏（386～534 年）
高 37 厘米 宽 38 厘米 厚 14 厘米
1992 年云冈石窟窟前遗址出土
云冈研究院藏

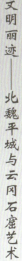
文明丽迹——北魏平城与云冈石窟艺术

圆栱龛龛楣

北魏（386～534年）
残高约57厘米 宽约40厘米 厚13.7厘米
1992年云冈石窟第20窟窟前采集
云冈研究院藏

　　龛楣刻三化佛坐于莲台上，具头光和身光，着袒右式佛衣或通肩式佛衣。上方还残存二供养天人像。岩石表面残留土红色。

双面佛龛

北魏（386～534年）
高 16 厘米 宽 14.3 厘米 厚 3～4.5 厘米
2010 年窟顶一区（西区）北魏佛教寺院出土
云冈研究院藏

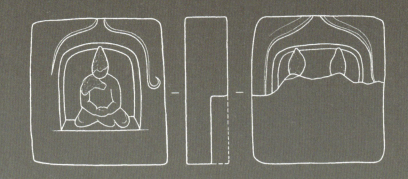

　　平面长方形，两面雕圆拱龛，一面为禅定坐佛，
一面仅存二佛并坐形象之头部。

文明丽迹——北魏平城与云冈石窟艺术

佛像

北魏（386 ～ 534 年）
高 27 厘米 宽 55 厘米 厚 20 厘米
云冈石窟第 20 窟窟前出土
云冈研究院藏

　　左手向上握莲蕾于腹前，无衣纹刻划。

佛像

北魏（386 ～ 534 年）
高 25 厘米 宽 45 厘米 厚 23 厘米
云冈石窟第 20 窟窟前出土
云冈研究院藏

　　俯首，嘴角上翘，双耳垂肩，右手举于胸前，臂下有偏袒右肩式佛衣痕迹。

菩萨立像

北魏（386 ～ 534 年）
高 71 厘米 宽 29.5 厘米 厚 5.5 厘米
1981 年大同晋华宫矿马武山采集
云冈研究院藏

　　此尊菩萨造像属半成品，其出土地点是
寺院或石刻雕刻工坊尚有待考证。
　　此菩萨头戴三花宝冠，面相丰满，呈微
笑状，上身斜披络腋，下身穿羊肠大裙，腰
间束带，躯体健壮。

菩萨的装束

　　佛教人物以菩萨的形象最为华丽，反映古代南亚贵族男女"首冠花鬘，身佩璎珞"的造型，
释迦牟尼身为太子时也是"璎珞庄严身"。
　　头冠在菩萨的装束中具有重要意义，既反映文化传播的脉络，也是菩萨的身份标识。据
研究统计，云冈石窟的菩萨发式可分为束发、戴宝冠两种，冠式主要包括化佛宝冠、右旋轮
盘宝冠、三花宝冠、三角纹山形冠等。

供养天人像

北魏（386～534 年）
高约 15 厘米 宽 13.5 厘米
1992 年云冈石窟第 13 窟窟前遗址出土
云冈研究院藏

　　人物具低圆髻，额前发呈涡状两两对称。弧眉杏眼，圆鼻小嘴，稚气可爱。面部彩绘氧化。

飞天头部

北魏（386～534 年）
高 25 厘米 宽约 34 厘米 厚约 18 厘米
1991 年云冈石窟采集
云冈研究院藏

　　飞天高髻后扬，额发两分，细目小嘴。

力士头像

北魏（386～534年）
高 15.3 厘米 宽 13 厘米 厚 7.8 厘米
1993 年云冈石窟窟顶东部北魏塔基遗址出土
云冈研究院藏

　　粉砂岩质地，基本修复完整。人物面相丰
圆，逆发圆眼，鼻梁宽直，嘴唇微凸。

供养天人像

北魏（386～534年）
高 31 厘米 宽 22.5 厘米 厚 6 厘米
1993 年窟顶东部北魏塔基遗址出土
云冈研究院藏

　　黄砂岩质地，高浮雕。胡跪状力士，上身袒裸，
颈饰项圈，胸腹部肌肉丰满圆润，下着长裙，左手
抚膝。整尊造像古拙质朴，雄健有力，显示了北魏
既继承汉晋艺术又融合外来文化的造像风格。

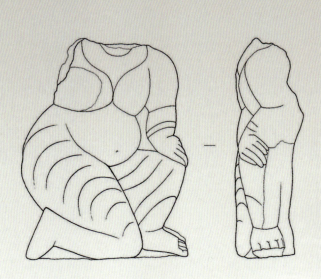

雕饰奇伟

⑬⁴ 供养天众及坐佛

北魏 (386 ～ 534 年)
高 43 厘米 宽 93 厘米 厚 24 厘米
1992 年云冈石窟窟前遗址出土
云冈研究院藏

    由 6 块残件拼对而成。右侧残留圆拱龛主龛一角,龛外左侧有 5 身供养天,面向龛内,均戴头冠、饰耳珰。下排 2 身具圆光,上排 3 身举长茎莲或捧莲蕾。最左侧有方形佛龛若干,上缘有斗拱。

供养人行列

北魏（386 ~ 534 年）
高 34.5 厘米 宽约 46 厘米 厚约 13 厘米
1992 年云冈石窟采集
云冈研究院藏

　　佛龛下方形铭石右侧的五身供养人身材修长，双手合掌，
面向左侧。首位为僧人，后 4 人为束发髻的女性供养人。前 2
人着僧衣，后 3 人上身着交领宽袖衣，下着长裙。

改梵为夏

　　云冈石窟的中期工程相当于孝文帝即位至北魏迁都洛阳之前（471～494年），晚期工程为迁都洛阳后至正光五年（524年）。冯太后、孝文帝主政时期的北魏汉化进程加快，在云冈石窟表现为艺术形式进一步本土化、世俗化，体现更多南朝化元素：在平面马蹄形的大像窟之外，出现平面方形洞窟、中心塔柱洞窟、前后殿堂式洞窟；建筑装饰元素中西合璧、丰富多彩；人物由胡貌梵相演变为华夏传统推崇的秀骨清像、褒衣博带的审美风貌。这一新兴艺术风尚是中外文化因素交流的产物，更是南北朝时期多民族文化融合的见证。

云冈石窟造像艺术的变迁

	云冈早期	云冈中期	云冈晚期
图示	 第20窟主尊大佛 第17窟南壁东端第3层 主尊右胁侍菩萨	 第6窟西壁南侧第4层宝盖龛 第10窟 前室北壁	 第40—1窟 二佛并坐龛 第35窟东壁龛主尊交脚菩萨
体貌特征	胡貌梵相，体型丰壮，菩萨亦雄健有力，尚未出现女性化特征	面容和体型仍有丰壮特点，同时在华夏审美影响下开始趋于清秀，表现为雍容典雅的姿态	在南朝审美影响下，本土化风格初步形成，造像面容清瘦、细颈削肩，体态修长，呈现出"秀骨清像"的风貌
佛衣	通肩式（上衣覆盖双肩，于胸前形成多道圆弧形衣纹）、袒右式（袒裸右肩）或偏袒式（袒右但搭右肩）	开始流行搭肘式佛衣（得名于上衣右角穿过腋下搭于左肘之上），即反映汉人士大夫风尚的"褒衣博带"装束	流行"褒衣博带"装束，线条雕刻更流畅飘逸
菩萨装	上身袒裸，有斜披络腋从左肩处下搭，下身着羊肠大裙，衣服轻薄贴体	上身双肩帔帛绕至身前交叉下垂，再由膝间上扬至绕于肘外飘展；下身着裙	仍流行"褒衣博带"装束，造型更为温婉清秀

云冈第12窟

　　第12窟位于云冈石窟中部，建造于云冈中期（470～494年），属云冈"五华洞"（即对装饰华丽的第9至13窟的俗称）之一。洞窟为具有前、后室结构的佛殿窟，外观为一座三开间的殿堂式崖阁建筑，其前堂后室的洞窟形制，既反映出北魏平城时代的宫殿建筑面貌，也揭示了佛寺建筑对宫殿建筑的模拟。中国石窟结构形制主要有禅窟、中心塔柱窟、殿堂窟、中心佛坛窟、大像窟和涅槃窟等，殿堂窟是融合中西文明元素的重要样式。

　　此窟前室反映了北朝流行的未来佛弥勒信仰，是同时包括弥勒上生和弥勒下生信仰的石窟空间，窟内龛刻了重要的佛传故事，表现了过去佛、现在佛和未来佛的三世佛继承关系，以曼妙身姿的大量飞天和乐伎营造了一个充满欢乐的未来佛世界，显示了北魏鲜卑政权试图以崇佛的形式，向世人编织和展示一个令人向往的理想国。因其有大量天人乐伎造像，俗称"佛籁洞"或"音乐窟"。伎乐天人形象具有佛教艺术传播教义、礼佛娱佛的作用，也从侧面体现出北魏王朝的音乐发展状况。

①前室南壁

②前室窟顶

⑤前室北壁

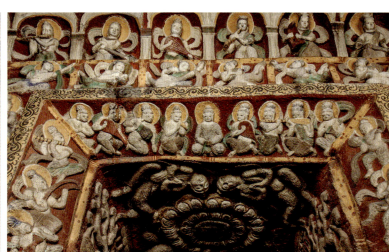
⑥前室北壁第四层中段

⑨后室窟顶

⑩后室南壁

室东壁第四层

④前室东壁第三层屋形龛

道顶部

⑧后室西南角第四至五层

室东壁第四层

⑫后室北壁

菩萨上身像

北魏（386 ～ 534 年）
高 51 厘米 宽 44.5 厘米 厚约 11 厘米
1992 年云冈石窟第 11 窟至第 13-4 窟窟前遗址出土
云冈研究院藏

　　菩萨细腰宽肩，佩戴项圈，上身十字帔帛于腹前穿环。
左臂抬起，断面有修复用圆孔，胸前右侧也存一相同小孔。

骑象菩萨

北魏（386～534年）
残高 22.5 厘米 残宽 36 厘米 厚 12.2 厘米
1993 年云冈石窟第 3 窟窟前遗址出土
云冈研究院藏

　　造像残仅存大象、人物局部。人物垂左腿、屈右腿坐于象背之上。左手置于右脚踝上。象微微俯首，造型浑圆。根据相关学者关于云冈同期雕刻题材、造型对比的研究，此造像或为佛传故事"太子骑象"（一说为"乘象入胎"）。

第 6 窟中心柱北面下层"太子骑象"

雕饰奇伟

"秀骨清像"和"褒衣博带"

秀骨清像：出自唐人张彦远《历代名画记》对擅长人物画的南朝画家陆探微的评价："陆公参灵酌妙，动与神会，笔迹劲利，如刀锥焉。秀骨清像，似觉生动"，用于形容人物俊秀清瘦、身形纤长、气韵超然飘逸的艺术形象，体现南方六朝在玄学思想影响下的审美风尚。

褒衣博带：出自东汉班固《汉书·隽不疑传》："佩环玦，褒衣博带，盛服至门上谒"，指儒生、士大夫着宽袍、系阔带的装束样式，是魏晋以来汉人士大夫流行的服饰。

佛坐像

北魏（386～534年）
高33厘米 宽40厘米 厚40厘米
1992年云冈石窟第20窟窟前遗址出土
云冈研究院藏

佛像内着僧祇支，外着褒衣博带式佛衣，右衣领搭于左臂，右手上举，左手置于膝上，捻中指食指。这是典型属于北魏晚期的造像风格，带有强烈的汉化色彩。北魏孝文帝晚期迁都洛阳，学习南朝衣冠制度，采取全面汉化的政治和文化改革，试图恢复北方作为华夏文化正统的地位，从而统一南北。在此背景下，南朝流行的"褒衣博带"和"秀骨清像"的造像风格也逐渐全面影响了北魏洛阳时代之后的佛教造像。这种汉化造像之风也全面影响了云冈晚期的造像，成为这时期的主流样式。

佛坐像

北魏（386 ～ 534 年）
高 33 厘米 宽 20.5 厘米 厚 11 厘米
1992 年云冈石窟第 20 窟窟前遗址出土
云冈研究院藏

　　此尊造像头部缺失，着褒衣博带式佛衣，施无畏、与愿
手印。当属云冈石窟晚期受孝文帝汉化改革影响后的造像。
左侧残留龛边，素面台高 12.5 厘米，面上有少许凿痕。

雕饰奇伟

菩萨头像

北魏（386～534年）
高27.6厘米 宽11.8厘米 厚14.8厘米
1993年云冈石窟窟顶东部北魏塔基遗址出土
云冈研究院藏

　　菩萨头戴三花宝冠，面容方圆，眉目清秀，呈
闭目沉思之态。为北魏晚期流行的秀骨清像风格，
体现北魏佛教艺术的汉化。

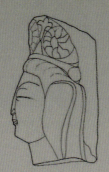

弟子头像

北魏（386～534年）
高18.2厘米 宽11.7厘米 厚13厘米
1992年云冈石窟第20窟窟前出土
云冈研究院藏

　　人物表情自然、慈眉善目、笑容可掬，
体现出智慧的老者面貌，是云冈石窟圆雕艺
术中的精美之作。

菩萨半身残像

北魏（386 ～ 534 年）
高 20 厘米 宽 10.5 厘米 厚 2.3 厘米
1991 年云冈石窟第 20 窟前出土
云冈研究院藏

　　云冈中晚期风格。菩萨仅存腰下部分，可辨认右手上举、左手下垂握衣角。腹前帔帛十字交叉，下身着羊肠大裙，双脚呈外八字站立。

胁侍菩萨像

北魏（386 ～ 534 年）
高 41 厘米 宽 18.3 厘米 厚 11.6 厘米
云冈石窟采集
云冈研究院藏

　　菩萨头梳发髻，身着十字帔帛及羊肠大裙，双手合掌面向龛内。对比历史照片可知，此胁侍菩萨像原属于一云冈中期方形龛像。

采自员小中、王雁翔：《久别重逢的石雕——云冈石窟窟前出土的几件石雕找到了位置》，《敦煌研究》2016 年第 2 期，第 42 页。

雕饰奇伟

盝形龛像

北魏（386～534年）
宽72厘米 高51厘米 厚39厘米
1992年云冈石窟窟前遗址出土
云冈研究院藏

　　龛内主尊菩萨倚坐于高台，上身穿十字帔帛，下身着裙，施佛像常见的无畏、与愿印，或为弥勒菩萨。梢间内2身胁侍菩萨面向主尊站立。龛楣下缘饰帷幔，右上隅残存二供养人，合掌于胸。再右侧有邻龛帐形下的天人，面向右侧。

骑马菩萨

北魏（386～534 年）

残高 42.5 厘米 残宽 38.5 厘米 厚 7.5 厘米

1993 年云冈石窟第 3 窟窟前遗址出土

云冈研究院藏

造像仅残存马及人物局部。人物左臂微抬，左手放于马项。马前腿直立踏于小方台之上，马鞯呈梯形。整体雕刻粗犷。原本表现的大概是佛传故事"出游四门"或"夜半逾城"之类的画面。

第 6 窟第 2 层"出南门遇病人"

雕饰奇伟

 146

狮子

北魏（386～534年）
高约60厘米 宽50厘米 厚约44厘米
1992年云冈石窟第15窟内出土
云冈研究院藏

　　狮子昂首上扬，张嘴似吼，身体雄健，雕刻古拙质朴，憨厚可爱。
　　佛教以"狮子吼"比喻佛陀讲法，佛教艺术也常以狮子为护法形象，通常位于主尊两旁一众胁侍、护法的最外侧。

龙首

北魏（386～534年）
高 19.5 厘米 宽 19 厘米 厚 8 厘米
1993 年云冈石窟第 3 窟窟前遗址出土
云冈研究院藏

　　圆雕龙首，小耳、大嘴，牙齿咬合、獠牙交错，嘴角刻卷须，身饰鳞纹。
　　云冈石窟雕刻的龙多见于菩萨胸前的配饰，或用于装饰窟顶、甬道顶以及窟门、明窗、龛沿的边框，多为双龙、交龙造型，基本体现汉文化龙的造型传统，是佛教中国化的重要表现。

域外文明的"龙"

　　在中外交流的历史上，一些域外神兽也被翻译为"龙"，但它们的样貌、涵义与华夏传统中的龙并不一致。例如，英文的 dragon 原本有大蛇、海怪之意，此类怪兽在西方文化中通常为负面角色。而汉译佛经中的"龙""龙王"原本也不指汉文化中的龙，而是南亚的蛇神那伽（Naga）。早期佛教中也常见以蛇的形式表现龙王，如云冈第 6 窟中心塔柱西面下层"九龙浴太子"故事中就比较忠实地保留了南亚蛇神的面貌。佛教以"格义"的方式用中国传统的"龙"来翻译印度的"那伽"，促成了文化交融，最终，中国佛教以华夏文明中的"龙"取代了印度文化中的"那伽"。

云冈第 6 窟"九龙浴太子"

雕饰奇伟

 比丘尼昙媚造像题记

北魏景明四年（503 年）
高 29 厘米　宽 30 厘米　厚 4.7 厘米
1956 年云冈石窟第 20 窟窟前遗址出土
云冈研究院藏

　　此碑为灰色细砂岩质，可能是单体造像镶嵌之物。它的发现对僧尼造像活动，以及唐人记述"东头僧寺，西头尼寺"提供了资料依据，同时证明北魏迁都后，宣武帝景明年间云冈仍有造像活动。碑中字书颇有特点，有别于一般魏碑，是魏碑渐向楷体过渡阶段的产物。

录文：

□光灵镜觉，凝寂迭代。照周祥 / 邦感垂应物。利润当时，泽潭机 / 季。慨不邀昌辰，庆钟播末，思恋 / 灵福同，拟状金石。冀瞻容者加 / 祇虔，想像者增忻怖。生生资津，/ 十方齐庆。颂曰：/ 灵虑巍凝，悟岩鉴觉。家绝照周，/ 蠢趣澄浊。随像拟仪，瞻资懿渥。/ 生生邀益，十方同沐。□明四年四月六日，比丘尼昙媚造。

创艺垂范

[第三单元]

中华文化内涵
永恒的经典融汇南北朝
兼收并蓄　包容开放

北魏平城　时代的丰碑
宗教艺术　东西方艺术元素

石刻艺术

融合多元文化是佛教造像艺术的核心特色。云冈石窟的风格变迁，生动详实地记述着北魏平城逐步吸收东西方艺术元素、融汇南北朝审美精神的历史进程。作为时代的丰碑和永恒的经典，云冈石窟的开凿标志着中国造像艺术迈入了全新的历史阶段，开创了一代造像范式，此后洛阳龙门石窟、太原天龙山石窟、巩县石窟、邯郸响堂山石窟等都肇始于此。云冈石窟艺术风貌体现的兼收并蓄、包容开放的精神气度，对南北朝隋唐乃至往后的中华文化内涵产生了深远的影响。

平城遗风

　　在云冈石窟开凿的同时期，北魏平城石刻制品的使用明显增多。一方面，重要建筑工程使用了云冈石料加工制成的构件，另一方面，民间石制品的使用趋于多元化，留下了丰富多彩的石刻遗迹。

平城石刻

大同地区的砂岩质地易于雕凿，为平城时代石刻艺术的发展提供重要物质基础。

考古研究表明，开凿云冈石窟产生的石料并未全然废弃，有的经过再加工利用，成为了建筑石材，平城南郊明堂建筑石料便是来源于此。同时，北魏平城的民间也大量使用石刻制品。考古出土的平城石刻，除造像以外还包括石灯、石柱础、房型石椁、石棺床、墓碑、镇墓兽等，一些制品比如石灯在平民和贵族阶层中都得到普遍使用。

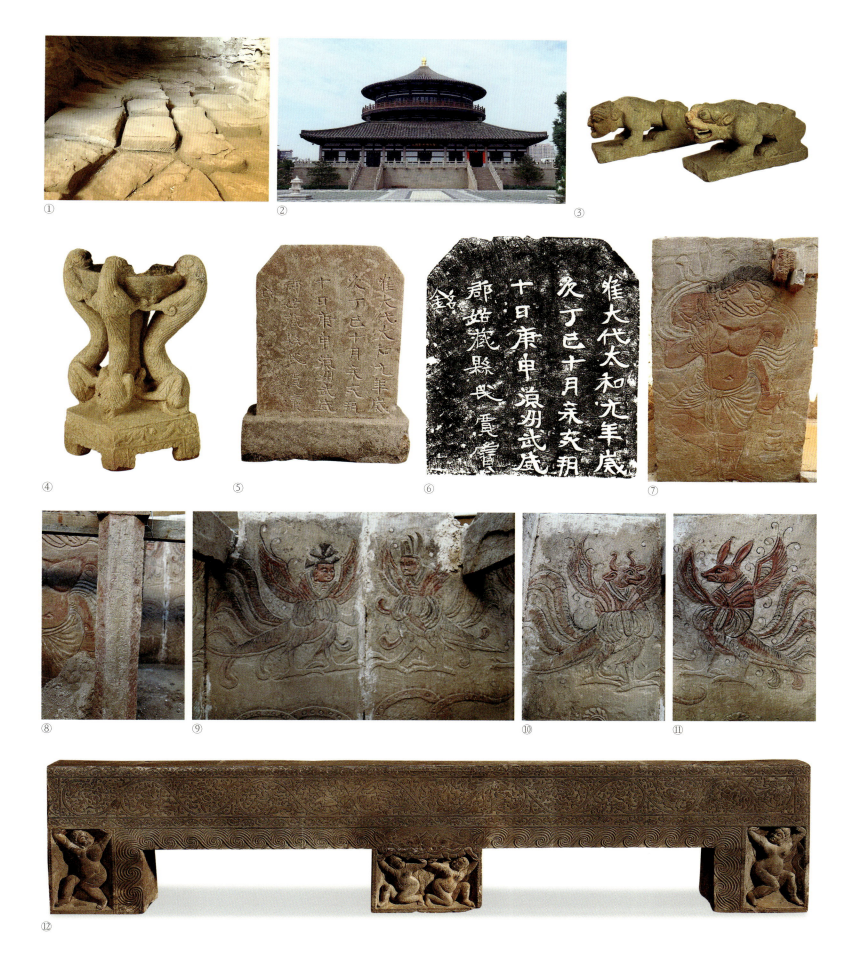

①云冈第3窟后室采石遗迹；②北魏平城明堂遗址（今北朝艺术博物馆）；③大同市博物馆藏石镇墓兽；
④大同市博物馆藏石雕瑞兽灯；⑤～⑥大同北魏贾宝墓志及拓片；⑦～⑪大同北魏吕续彩绘浮雕石椁；⑫大同北魏司马金龙墓石棺床

邢合姜石椁板

北魏皇兴三年（469 年）
椁板高 116 ～ 133 厘米
宽 63 ～ 76 厘米
厚 10 ～ 12 厘米
2017 年仝家湾邢合姜墓出土
大同市考古研究所藏

2015 年 5 月，山西大同城南出土一具拼合基本完整的石椁，以及北魏皇兴三年（469 年）纪年的邢合姜墓碑。结合碑文信息可知，邢合姜为定州涧河郡人，后移居长安，再迁居平城。

石椁为灰色细砂岩质地，长方形、悬山顶的殿堂样式，由基座、四壁立板、梁架和顶板拼接而成，内有棺床。椁壁由十块石板组成，其中正壁三块，中间大块石板绘释迦多宝二佛并坐，左侧稍小石板绘坐佛，右侧石板上部残缺，仅余下半部供养人；左右壁各两块，绘佛说法图；前壁三块石板，内壁上方绘七佛，下方绘衔蛇翼虎两只，外壁绘护法门神二人。

北魏平城时代的房型石椁并不鲜见，唯此一例满绘佛教壁画，性质特殊。研究认为，邢合姜石椁壁画与炳灵寺 169 窟壁画有诸多相近之处，反映了平城佛教艺术与凉州以及后秦佛教艺术的关联，以及西域石窟壁画晕染技法的影响。这组文物的发现填补了平城佛教壁画的空白，为研究佛教在中国的传播历史提供了珍贵的实物资料。

邢合姜墓碑拓片

录文：
　大代皇兴三年岁在 / 己酉丁卯朔辛酉幽 / 州燕郡
安次县人韩 / 受洛拔妻邢合姜定 / 州涧河郡移到长安
/ 冯翊郡万年县人邢 / 合姜年六十六亡

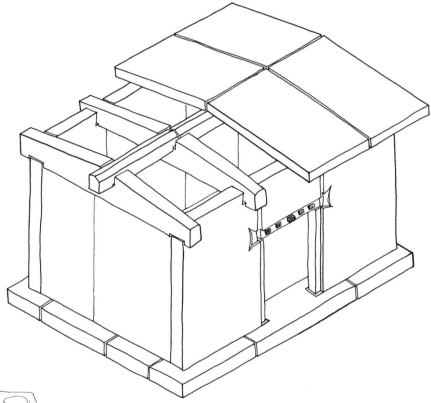

结构示意图

北壁线图

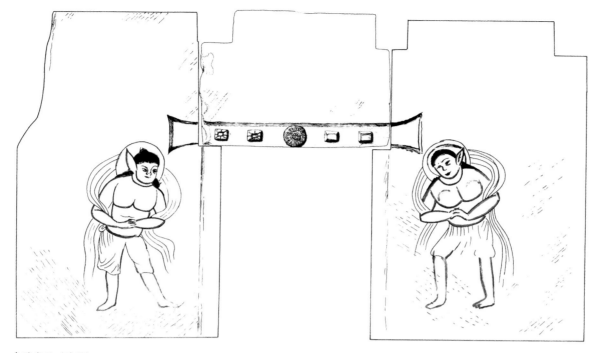

南壁线图（外侧）

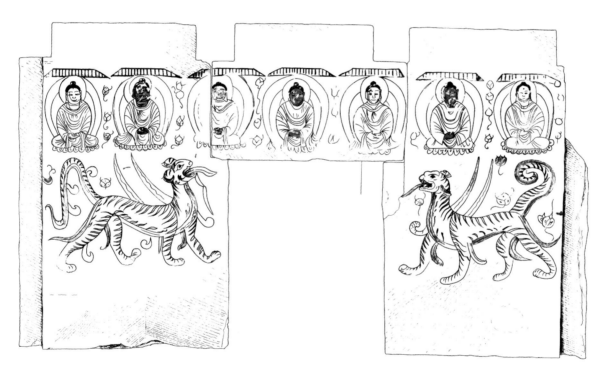

南壁线图（内侧）

东壁线图

西壁线图

前壁（南壁）内側

前壁（南壁）外側

西壁内側

东壁内侧

后壁（北壁）内侧

石灯

北魏太和元年（477 年）
高 47 厘米 口径 17.5 厘米 底宽 16 厘米
2017 年大同贾宝墓出土
大同市考古研究所藏

　　石灯以整料雕制而成，器身分为灯盏、灯柱、底座三部分。灯盏外壁雕刻双层复瓣仰莲纹。灯柱上部八面刻忍冬纹；中部高浮雕宝装仰、覆莲花带，束以绳索；下部八面分别浅浮雕舞蹈或演奏人物，演奏者所持乐器有束腰鼓、琵琶等胡乐，也有排箫一类华夏传统乐器。

　　此灯出土于凉州姑臧（今甘肃武威）移民贾宝墓，雕刻图案尽显佛教、鲜卑、汉文化之融合气象，是平城艺术的精湛之作。

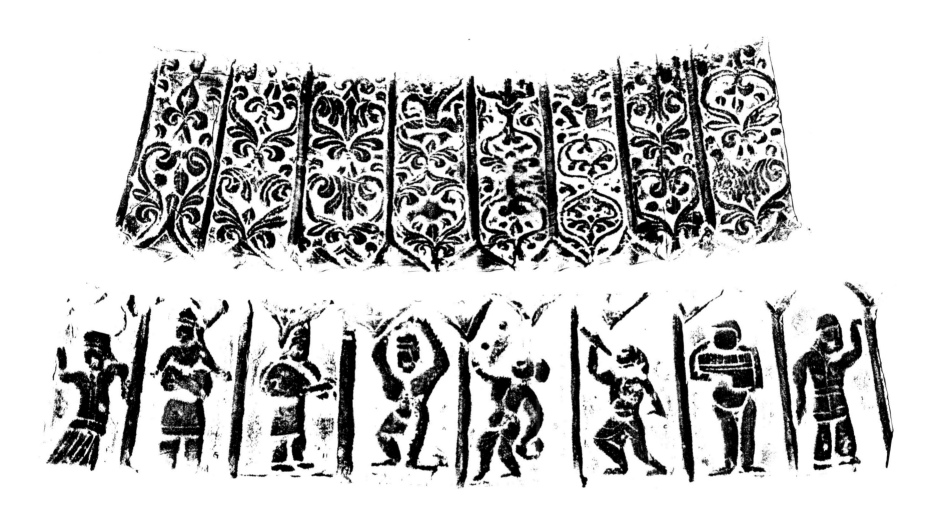

人物间以列柱分开，从左至右为：

1. 鲜卑装女性长袖舞蹈人物；

2. 鲜卑装男性敲束腰鼓人物；

3. 鲜卑装男性弹琵琶人物；

4. 舞蹈人物；

5. 犊鼻裤投丸表演人物；

6. 犊鼻裤吞剑表演人物；

7. 演奏排箫人物；

8. 鲜卑装男性长袖舞蹈人物。

其中舞蹈者三位，二男一女，着鲜卑服，从舞姿看，独舞者应为胡腾舞，对舞者应为长袖舞。

石灯

北魏（386～534 年）
高 22.5 厘米　柱径 12 厘米
云冈石窟征集
云冈研究院藏

石灯

北魏（386～534 年）
通高 21.5 厘米　底座高 5.4 厘米　口径 12.2 厘米　底径 12.7 厘米
云冈石窟征集
云冈研究院藏

　　平城出土灯具多为"盏唇搭炷式"，即一侧置流，将灯芯从流内引出搭在盏唇上或流口边，古代地中海区域和西亚各国均用这种方式。燃料主要为植物油。

石灯

北魏（386 ～ 534 年）
高 15 厘米 口径 10 厘米 底宽 10.8 厘米
大同新旺商贸北魏墓地出土
大同市考古研究所藏

　　石灯由浅盘形灯碗与方形石座组成，灯座处有圆形穿孔，用于插挂在墙上。为典型的北魏平城出土石灯类型。

石灯

北魏（386 ～ 534 年）
高 39 厘米 宽 19 厘米 厚 19 厘米
云冈石窟征集
云冈研究院藏

　　砂岩质地，圆形灯碗，方形座。灯擎处高浮雕力士形象。力士额宽眼大，上身赤裸，作承托灯盏状，力量感强。四角各雕狮子，双眼圆睁，生动传神，极富感染力。

　　石灯雕琢繁复精致，融合汉晋与外来多元文化，正是北魏迁洛以前太和时期平城工艺的时代特点。

莲花龙纹帐座

北魏（386～534 年）
高 13 厘米 直径 26 厘米 底长 27 厘米
大同市云冈区全家湾村出土
云冈研究院藏

　　砂岩石质。以柱孔为中心，浮雕佛教常用的双瓣莲纹，周围蟠龙首尾相逐，方座四周雕刻忍冬纹，纹饰饱满，雄浑有力，也是北魏融合中外文化的艺术创新。北魏石刻帐座一般以多个为一组，用于插屏风或帐幔。

石帐座（2件）

北魏（386～534年）
高14厘米 直径33厘米 底宽33厘米
2017年大同贾宝墓出土
大同市考古研究所藏

　　鼓状覆盆形，方形底座。主题纹饰为佛教
艺术流行的忍冬、莲花，雕刻技艺精湛，体现
了北魏融通中外文化的努力和创造。

像教轨范

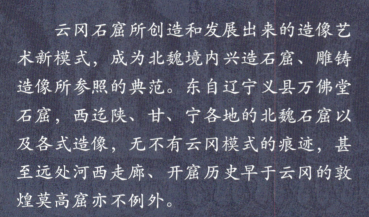

云冈石窟所创造和发展出来的造像艺术新模式，成为北魏境内兴造石窟、雕铸造像所参照的典范。东自辽宁义县万佛堂石窟，西迄陕、甘、宁各地的北魏石窟以及各式造像，无不有云冈模式的痕迹，甚至远处河西走廊、开窟历史早于云冈的敦煌莫高窟亦不例外。

云冈石窟的影响

东北

义县万佛堂

　　义县北魏时属营州所辖，此地盛行佛教之风始于十六国时期的三燕（前燕、后燕、北燕）统治下。万佛堂遗址有北魏太和二十三年（499年）和景明三年（502年）纪年题记，洞窟、造像大多为北魏晚期风貌，一般认为其西区第1、4、5、6窟和东区第7窟体现了云冈二期洞窟的直接影响。

朝阳北塔（思燕佛图）

　　北魏孝文帝太和九年（485年）前后，文明太后冯氏在三燕故都龙城宫殿基址上起建"思燕佛图"，为其祖父、北燕国君冯弘兴造福因。思燕佛图即今朝阳北塔前身。思燕佛图为平面方形，土木结构楼阁式塔，塔四周台基上建有殿堂。这是北魏在东北重镇营州（今朝阳）修建的皇家寺院，规模宏大，雄伟壮观。

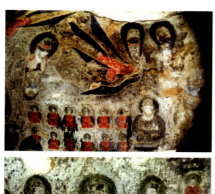

义县万佛堂西区第2、4、6窟雕刻

朝阳北塔外景及北魏思燕佛图出土文物

河西

　　河西十六国晚期石窟大多具有鲜明的外来以及西域艺术风貌，与具有本土化色彩的北魏洞窟存在显著差异，后者面貌的形成受到云冈、龙门石窟的影响。

敦煌莫高窟北魏254窟
莫高窟早期石窟受云冈石窟早期风格影响

天水麦积山北魏中期78窟

庆阳北石窟寺七佛窟

甘肃泾川王母宫石窟
"云冈第6窟的翻版"，开凿人为与冯太后关系密切的宦官

山西

　　根据第三次全国文物普查统计，山西省共有石窟和摩崖石刻408处（石窟244处、摩崖石刻164处），其中相当数量是在"云冈模式"的影响下开凿和雕造的。平洛道（北魏平城和洛阳间的交通要道）沿线保存了不少北朝时期的石窟，如武乡良侯店石窟、祁县子洪镇石窟等。这些石窟既有云冈石窟的因素，也受到洛阳地区石窟寺的影响，这充分反映了这一交通要道在佛教艺术传播上的重要性。

蒙山大佛
袒右式袈裟，袈裟的表现手法延续云冈一期（头部为后接）

羊头山石窟
主要洞窟开凿于北魏时期，洞窟规模均不大，应出自当地僧徒和世俗善信之手

中原

　　河南洛阳龙门石窟为北魏、唐两代皇家石窟，始凿于北魏孝文帝迁都洛阳与全面汉化改革之际。龙门石窟的早期工程受云冈影响，据《魏书·释老志》记载："景明初，世宗诏大长秋卿白整准代京灵岩寺石窟，于洛南伊阙山，为高祖、文昭皇太后营石窟二所。"

　　从遗址现状看，龙门早期开凿的交脚弥勒大龛、古阳洞主要体现云冈的影响，年代稍晚的宾阳中洞则体现南方影响下龙门石窟形成的新特征。作为又一重要的皇家石窟寺，龙门将云冈及其自身的艺术特征的影响扩散至北方各地。

龙门石窟 古阳洞正壁左侧菩萨像　　龙门石窟 宾阳中洞内景

华北

邺城北吴庄石刻窖藏

　　东魏北齐时期，邺城取代洛阳成为中原北方地区的佛教中心。2012年，东魏北齐邺城外郭城范围内的北吴庄发现了一处造像埋藏坑，出土约3000件造像，年代多属东魏北齐，亦有北魏、北周、隋唐制品。造像样式除河北地区常见的中小型白石背屏造像外，还有部分中型或大型单体圆雕像。邺城地区早期造像明显受云冈石窟影响，孝文帝改制后至北齐初年体现北魏晚期汉化风格，至6世纪中叶后出现吸纳了笈多造像样式的邺城本地风格。

曲阳修德寺白石造像

　　1953～1954年，曲阳修德寺遗址出土北魏正光元年（520年）至唐天宝九年（750年）的白石佛像两千余件，其中有大量纪年造像，这是我国佛教考古的重大发现。研究认为，发端于曲阳的白石造像可称为"定州系白石佛像"，广泛分布于华北平原和部分太行山区。早期同样见有云冈石窟风格影响的造像，也受河北地区造像影响，其后也受到青州、邺都地区造像因素影响，又反作用于此二地区。

交脚弥勒像
北魏（386～534年）
残高43厘米 宽27厘米
河北曲阳修德寺遗址出土
河北博物院藏

谭副造像碑
北魏（386～534年）
残高128厘米 主尊高77.7厘米
河北邺城北吴庄出土
河北省文物考古研究院藏

刘青虎造像
北魏太和十九年（495年）
通高46.9厘米
河北邺城北吴庄出土
河北省文物考古研究院藏

北魏铜鎏金释迦立像
北魏延兴五年（475年）
高32.5厘米 背光宽6.6厘米
河北满城孟村出土
河北博物院藏

石雕佛坐像

北魏（386～534年）
残高35厘米 残宽47厘米 残厚21厘米
朝阳北塔建筑遗址出土
朝阳市北塔博物馆藏

　　此尊石刻佛像着袒右偏衫袈裟，宽肩，雄健挺拔，结跏趺坐，右手施无畏印，左手施与愿印。此尊造像与云冈石窟昙曜五窟造像艺术风格颇相一致。据《魏书·皇后列传》载："（文明）太后立文宣王庙于长安，又立思燕佛图于龙城，皆刊石立碑。"此尊造像出土于思燕佛图遗址上，或属文明太后冯氏为其祖父北燕王冯弘祈寿冥福、弘扬佛法而立佛塔的供养造像。

泥塑禅定佛像

北魏（386～534 年）
残高 15.5 厘米　宽 12 厘米
朝阳北塔建筑遗址出土
朝阳市北塔博物馆藏

　　佛像着袒右袈裟，肩披偏衫，结跏趺坐，施禅定印。整体明显受到云冈石窟造像艺术的影响。

泥塑菩萨立像残件

北魏（386～534 年）
残高 16.7 厘米　宽 12.2 厘米
朝阳北塔建筑遗址出土
朝阳市北塔博物馆藏

　　朝阳北塔遗址出土北魏佛像以泥塑为主，均显示出北魏早期古典佛像样式，体现出刚健优美、拙朴遒劲的审美意趣。
　　此类持莲蕾菩萨是早期最流行的菩萨形象之一，具有浓郁的西域风格，中原北方铜鎏金造像亦多见此类菩萨像。

泥塑飞天像残件

北魏（386～534 年）
残高 13.5 厘米　宽 13.7 厘米
朝阳北塔建筑遗址出土
朝阳市北塔博物馆藏

　　飞天形象具有西域遗风，身形丰满健壮，雕刻拙朴，衣物贴体，与北魏晚期飘逸灵动的飞天造型有显著区别。

泥塑佛头像

北魏（386～534 年）
残高 8 厘米　宽 5 厘米
朝阳北塔建筑遗址出土
朝阳市北塔博物馆藏

　　佛头、菩萨、弟子面庞丰腴，面容沉静略带微笑。

泥塑菩萨头像

北魏（386～534 年）
残高 8.8 厘米
朝阳北塔建筑遗址出土
朝阳市北塔博物馆藏

泥塑弟子头像

北魏（386～534 年）
残高 11.4 厘米　宽 9.5 厘米
朝阳北塔建筑遗址出土
朝阳市北塔博物馆藏

创艺垂范

207

阿行造铜鎏金观世音菩萨立像

北魏太和十三年（489 年）
高 22 厘米
1961 年河北平泉收购
河北博物院藏

　　此尊菩萨戴高冠，两侧缯带飘举，上身袒露，颈佩项圈，璎珞交叉于腹部，左手握帔帛，右手持莲蕾，跣足立于莲台之上。舟形火焰背光，背面刻思维太子像。整体造像具有浓郁的外来艺术风格。
　　造像基座四侧刻发愿文：
　　维大代太和十三年，岁在己巳七月壬寅朔，东平郡□□真如罗太平息女阿行，仰惟能仁，慈怜穷子，俯……□□请师造观世音像，阿行舍此女形，生忍悟元。

白石观世音菩萨立像

北魏正光三年（522 年）
高 35 厘米
河北曲阳修德寺遗址出土
河北博物院藏

　　此为北朝晚期河北定州系中小型白石造像。观世音像
舟形背光，头戴花冠，宝缯垂肩。面相清瘦，饰项圈璎珞。
右手持莲蕾，左手持桃形物，帔帛交叉，天衣裙褶层叠，
跣足立于圆形八叶莲花座上。整尊造像显示了北魏晚期孝
文帝改革后中国化造像艺术的影响。

铜吴保显造佛立像

北魏（386 ～ 534 年）
高 19.5 厘米　宽 10 厘米　厚 8 厘米
故宫博物院藏

　　此尊造像带舟形背屏，圆形头光和火焰形身光。佛像面庞圆润，着通肩式袈裟，左手握衣角，右手施无畏印，跣足立于莲台上。

　　此造像风格为北魏中期太和年间典型样式，受犍陀罗造像艺术传播的影响，因此该"孝昌三年"铭款后刻的可能性较大。

　　背屏背面纵向刻发愿文：

　　孝昌三年六月廿六日 / 清信士佛弟 / 子吴保 / 显一心供养

石佛坐像

北魏景明元年（500 年）
高 40 厘米 宽 27 厘米 厚 14 厘米
故宫博物院藏

　　此造像制作于北魏迁洛以后，佛像面容圆润，莞尔微笑，结禅定印，跏趺坐，作冥想状；身着偏袒式佛衣，仍保留云冈石窟早中期造像特点。

　　佛座正面中间刻一地神托博山炉，两侧各一鲜卑服装供养人，外侧为回首状的狮形神兽。

牛伯阳等造一佛二菩萨像
北魏景明元年（500 年）
高 164.8 厘米
大阪市立美术馆藏

⑯⑧

铜刘氏造释迦多宝佛像

北魏永平三年（510 年）

高 12 厘米 宽 5 厘米 厚 3.5 厘米

故宫博物院藏

　　此双尊为释迦、多宝二佛并坐像，舟形大火焰纹背光。双佛高肉髻，着圆领袈裟，施禅定印，结跏趺坐。背面释迦牟尼佛说法像，高肉髻，袒右袈裟，右手作说法印，左手握衣角。下为四足方座。虽属北魏晚期鎏金铜像，但仍受云冈早中期造像艺术影响。

文明丽迹——北魏平城与云冈石窟艺术

座上剞发愿文：永平三年五月廿九日，□县人刘德□为父母造像一区。

212

铜观世音菩萨立像

北魏正光三年（522 年）
高 19 厘米 宽 7 厘米 厚 6.5 厘米
故宫博物院藏

　　菩萨跣足立于莲台上，面带微笑，右手握莲蕾，左手提衣角，天衣帔帛装饰。造像秀骨清像，古拙质朴，天衣裙摆两侧向外飘起，体现北魏晚期南朝化的审美风貌。

座上刻发愿文：正光三年正月二日，九门县人绍建为亡父母敬造观世音像一躯。右为居家眷属，建息阿□、显宗、显称。

213

铜一佛二胁侍像

北魏正光六年（525 年）
高 14 厘米 宽 4.5 厘米 厚 3 厘米
故宫博物院藏

　　此造像主尊着袒右袈裟，施无畏印，结跏趺坐；两尊胁侍菩萨双手合十。佛座造型为双狮相背立承托须弥座，下接四足方座。此造像佛衣、双狮座等元素保留了北魏早期造像的外来样式特征。

铜鎏金一佛二菩萨像
北魏太和十七年（493 年）
故宫博物院藏

座上刻发愿文：正光六年二月十五日，比丘尼法要、法迁等为国王帝主，七世父母，亡亲师僧，边地□□众生，因缘眷属，造像两区。

 (171)

铜鎏金郭巨造佛像

北魏孝昌四年（528 年）
高 13.5 厘米　宽 5.5 厘米　厚 3.3 厘米
故宫博物院藏

　　此尊佛像舟形火焰纹背光，圆形头光阴刻莲瓣纹。主尊为菩萨装，头戴宝冠，身饰帔帛璎珞，胸前有卐字符；然双手施无畏、与愿印，体现了这一时期部分造像将佛陀、菩萨身份混淆的现象。

座上刻发愿文：孝昌四年八月三日佛弟子郭巨为父母敬造佛象一区。

铜菩萨立像

北魏（386～534 年）
高 7 厘米 宽 3.3 厘米 厚 1.5 厘米
故宫博物院藏

菩萨立像 北魏晚期至东魏初 2001 年山西榆社

此像原本或为铜鎏金造像一组中的胁侍菩萨像。形象清瘦，戴具有中亚王者特征的高宝冠，两旁垂下飘带；手持莲蕾，身天衣帔帛。

此造像极力呈现飘带、帔帛、衣角飞动飘逸的状态，体现南方推崇的士大夫审美。如此活泼灵动的菩萨造像源自顾恺之的艺术风格，与《洛神赋图》中的神女形象如出一辙。

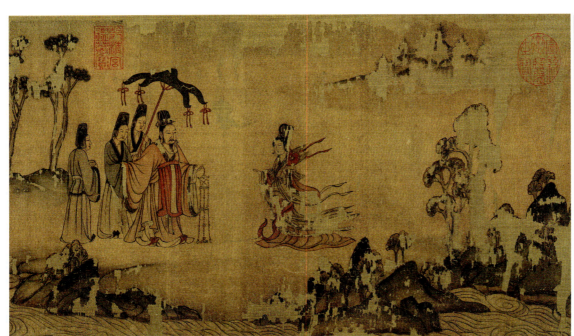

摹顾恺之洛神赋图（局部）宋 佚名 辽宁省博物馆藏

菩萨立像 北魏晚期至东魏初 2001 年山西榆社
福祥寺出土 山西博物院藏

石佛坐像

北魏（386～534年）
残高24厘米 宽14厘米 厚12厘米
故宫博物院藏

    此尊为北魏晚期白石造像。佛像饰波浪纹矮肉髻，莲目细长，耳轮垂埵，身着汉族士大夫服装影响的褒衣博带式袈裟，结双跏趺坐，袈裟悬裳敷搭于须弥座前，衣纹稠密连绵，富于韵律感。这是北魏晚期接受南朝佛教影响下的造像艺术。这种佛衣褶皱的处理样式也渊源自犍陀罗佛衣，只是将其对称处理，且用多层重叠，大大增强了视觉效果。

石樊保僑等造释迦牟尼佛像

北魏永安元年（528 年）
高 49.4 厘米 宽 29.5 厘米 厚 19 厘米
故宫博物院藏

　　此尊为释迦牟尼佛造像，高肉髻，面容清秀，莲目细长，耳轮垂埵；外着敷搭右肩袈裟，内穿僧祇支，结双跏趺于金刚须弥座上，袈裟自然垂于座前。火焰纹背光，头光双莲瓣浮雕。整体显示了北魏晚期南方"秀骨清像"造像艺术的影响。

　　像主樊保僑等人的郡望为"河东郡北猗氏县"，在今山西运城临猗县。

长方形基座，座四面及背光侧面刻发愿文为：

夫灵根缅邈，非妙达不能识其源；至道冲玄，非幽致无以采其趣。故末俗空浮，未悟正觉，是以佛弟子樊保僧兄弟等自惟不孝，罪殊三千，凤置瑛叠，少失覆阴，仰惟慈颜，曾无仿佛，谨竭贫素，仰为亡考亡妣造玉石像一区，又愿亡父母上会紫宫释迦之室，下生天王玉殿之里，伏愿合门大小，因缘眷属，保无退之道心，崇日憎之要业，出无生之大苦，入有生之大乐。足蹑龙华□餐香积，优游太空，行坐无碍，一切众生，咸蒙斯愿。

大魏永安元年岁次戊申十二月廿三日，佛弟子樊保僧、樊□僧、樊树僧兄弟三人等仰为帝主，下为亡父母，造玉释迦文像一区。

河东郡北狩氏县佛弟子樊元和等供养佛时。樊延孙、樊季和、樊仲礼、樊宗和、樊宗礼、樊季礼，清信女法姜、法姿、□□、赐姜、法胜、胜蛮、胜容，清信妇程练、妇王姬、妇介敬、妇王元姿、妇王妃。

榜题有"亡弟樊文僧、亡儿樊敬孙供养""亡姊樊黑女""亡父樊县海常在佛前""比丘僧法慧""法□"等。

释迦坐像

北魏（386 ～ 534 年）
高 103 厘米 宽 58 厘米
1957 年沁县南涅水出土
沁县南涅水石刻博物馆藏

　　砂岩质。此造像为北魏晚期遗物，雕刻精湛。佛造像着汉族士大夫褒衣博带式袈裟，面相清秀，舟形背光上装饰火焰纹、忍冬卷草纹图案；圆形项光上饰莲瓣、忍冬卷草纹、化佛。佛像结跏趺坐于高束腰须弥座上，悬裳下垂敷搭于座前，衣裙紧劲连绵而有韵律。此造像同样显示了汉化佛教艺术在北魏晚期的深刻影响。

石雕佛像

北魏正光二年（521 年）
高 104 厘米 宽 83 厘米
1957 年沁县南涅水出土
沁县南涅水石刻博物馆藏

　　此造像为北魏晚期遗物，保存较完好，且带题记，堪称南涅水石刻之珍品。雕刻一佛二菩萨，主尊佛像"秀骨清像"，着汉族士大夫褒衣博带式袈裟，施无畏、与愿印，结跏趺坐于须弥台座上，悬裳下垂敷搭于座前，衣纹厚重而富于节奏。胁侍菩萨手握莲蕾、净水瓶等物。此造像显示了汉化佛教艺术在北魏晚期的全面影响。

　　莲台下半部为造像铭记，10 列总计约 80 字。铭文：

　　唯大魏正光二年 / 岁在辛丑二月己亥 / 朔八日丙午比丘僧惠叚黑合邑五十人等 / 以去神龟三年发愿 / 造石像二区今得 / 成就先愿发如愿 / 铭闻耳 / 前□洛汉仁 / 闻邵愁

佛座左右两侧狮子

四面佛龛石造像

北魏（386 ～ 534 年）
高 49 厘米 宽 27 ～ 31 厘米
1957 年沁县南涅水出土
沁县南涅水石刻博物馆藏

此造像石由屋檐与四面龛像组成，砂岩质。造像石上部吸收中国传统建筑样式。

正面凸字形龛主尊像，磨光高肉髻，长方形脸，着厚重圆领通肩大衣，左手施与愿印，右手施无畏印，结跏趺坐于莲台之上，两侧为胁侍菩萨。长方形佛龛内为交脚弥勒菩萨造像，头戴高宝冠。显示了北魏晚期汉化改革后融合南朝艺术的造像风格。

佛龛下部有阴刻行书铭记 12 行，每行 6～8 字，共约 100 字。铭文：

佛弟子景□／佛弟子景丞／佛弟子景□／佛弟子景太／佛子景人／佛弟子景和

永熙二年十月／朔八日癸亥上为／皇帝陛下为七／世父母所生父母／因缘眷（眷）属愿二（愿）／从心所求如意

刻铭方柱形四面佛龛石造像

北魏建义元年（528 年）
高 118 厘米 宽 28 ～ 30 厘米
1957 年沁县南涅水出土
沁县南涅水石刻博物馆藏

砂岩质，四面开龛造像。龛内主尊佛清俊秀丽，着圆领袈裟，施禅定印或与愿无畏印，结跏趺坐于高方台上，佛衣下垂悬裳。菩萨头戴宝冠，披帔帛，双手胸前合掌或持执物侍立。装饰素雅简洁。

　　北魏晚期，云冈石窟造像接受洛阳造像样式影响，全盘汉化。南涅水是北魏晚期洛阳到陪都平城的必经之地，此批造像均属北魏晚期汉化风格，或亦受云冈晚期艺术影响。

　　佛龛下部有阴刻铭记。铭文：

李保成、妻倪皇陵

唯大代建仪元年岁 / 在戊申五月丁巳朔十四 / 日己巳石像主李保成 / 合门大小上为皇帝陛 / 下太皇太后因缘眷 / 属一切遍地众生一 / 时成佛 / 宗祖李德武乡 / 令生二祖李齐

刺史…… / 从事齐 / 王献胈 / 平元令

父李道…… / 加为雁门太…… / 成北道…… / 仲加为…… / □富安…… / □贾姜息……

亡息僧智妻张 / 息女齐姬世光 / ……礼……子孙……

四面佛龛石造像

北魏（386～534 年）
高 60 厘米 宽 44 厘米
1957 年沁县南涅水出土
沁县南涅水石刻博物馆藏

　　砂岩造像，属于四面造像塔中的一段。四面开龛造像，共有 200 余大小像龛；其中三面主尊为跏趺坐佛像，坐双狮座，衣褶厚重稠叠，两侧胁侍菩萨；其中一面主尊为交脚弥勒菩萨，着天衣帔帛，璎珞装饰，左右两侧胁侍菩萨像。主尊佛皆着褒衣博带袈裟，佛、菩萨像皆秀骨清像面容，体现了北魏孝文帝汉化改革后接受南朝汉化造像风格的重要审美转向。

四面佛龛坐佛石造像

北魏（386 ～ 534 年）
高 62.5 厘米 宽 57.5 ～ 61.5 厘米
1957 年沁县南涅水出土
沁县南涅水石刻博物馆藏

　　四面开龛，造主尊佛像 4 尊，胁侍菩萨、金刚、弟子、供养菩萨、
力士像各 2 尊，千佛龛 40 余个。
　　主尊为倚坐佛像，身着褒衣博带式袈裟，宽大儒雅。汉化风格明显，
典型受北魏晚期平城、洛阳造像艺术影响。

744

742

（181）

四面佛龛石造像

北魏（386 ～ 534 年）
高 52 厘米 宽 52 厘米
1957 年沁县南涅水出土
沁县南涅水石刻博物馆藏

　　四面开龛造像，共开凿主龛 4 个，雕造主尊佛像、菩萨像 5 尊，供养菩萨像 1 身，弟子像 2 身，童子像若干，龛外满饰小佛龛。

　　释迦多宝二佛并坐属北魏根据《妙法莲华经》独创的佛教造像样式。此造像着褒衣博带式佛衣，悬裳，雕刻精巧，属南朝文化影响下的秀骨清像造像。

　　四面造像为：

　　屋帷龛。龛内交脚菩萨坐于高台座上，两侧弟子坐于狮子之上。龛外满饰千佛龛式小佛龛。

　　圆拱龛。主龛内造像释迦、多宝二佛并坐说法。释迦佛左手施与愿印，右手施无畏印；多宝佛左手施与愿印，右手伸出示意于释迦佛。二佛均结跏趺坐于低台座上，衣裙自然下垂遮覆莲台，衣褶繁复。

　　圆拱龛。主龛内造释迦佛为太子时入山修行，树下思维觉悟的场面。菩提树下太子着菩萨装，头上戴冠，左手抚右脚踝，右手支颐作思维状，半跏趺坐于高台座上。龛外满饰千佛龛式小佛龛。

　　圆拱龛。主龛内造像题材为阿育王施土因缘故事。

北魏平城与云冈石窟大事记

北魏登国元年（386 年）	春正月戊申，拓跋珪即代王位。夏四月，改称魏王。
北魏天兴元年（398 年）	春正月，徙山东六州民吏及徒河、高丽杂夷三十六万，百工伎巧十万余口，以充京师。 秋七月，迁都平城，始营宫室，建宗庙，立社稷。 十二月，拓跋珪于平城称帝，改元天兴。
北魏天赐六年（409 年）	冬十月壬申，明元即帝位，改元永兴。太宗践位，遵太祖之业，亦好黄老，又崇佛法，京邑四方，建立图像，仍令沙门敷导民俗。
北魏泰常三年（418 年）	夏四月己巳，徙冀、定、幽三州徒河于京师。
北魏始光四年（427 年）	统万平，惠始到京都，世号之曰白脚师。
北魏太延元年（435 年）	太武帝诏长安及平凉民徙在京师，其孤老不能自存者，听还乡里。
北魏太延五年（439 年）	冬十月辛酉，车驾东还，徙凉州民三万余家于京师。 北魏灭北凉。徙其国人于京邑，沙门佛事皆俱东，象教弥增矣。
北魏太平真君七年（446 年）	太武帝诏诸州坑沙门，毁诸佛像。徙长安城工巧二千家于京师。
北魏兴安元年（452 年）	十二月乙卯，初复佛法。 文成帝诏有司为石像，令如帝身。
北魏兴安二年（453 年）	高僧昙曜自中山被命赴京，帝后奉以师礼。
北魏兴光元年（454 年）	文成帝敕有司于五级大寺内，为太祖已下五帝，铸释迦立像五，各长一丈六尺，都用赤金二十五万斤。
北魏和平元年（460 年）	师贤卒，昙曜代之，更名沙门统。 昙曜白帝，于京城西武州塞，凿山石壁，开窟五所，镌建佛像各一。高者七十尺，次者六十尺，雕饰奇伟，冠于一世。
北魏和平三年（462 年）	昙曜又与天竺沙门常那耶舍等，译出新经十四部。
北魏天安元年（466 年）	冯太后称制。于时起永宁寺，构七级佛图，高三百余尺，基架博敞，为天下第一。

北魏皇兴元年（467 年）	秋八月丁酉，献文帝行幸武州山石窟寺。
北魏皇兴三年（469 年）	五月，徙青州民于京师。
北魏皇兴四年（470 年）	十二月甲辰，献文帝幸鹿野苑、石窟寺。
北魏延兴五年（475 年）	五月丁未，孝文帝幸武州山。 孝文帝初期，开凿第七、八窟。
北魏承明元年（476 年）	自兴光至此，京城内寺新旧且百所，僧尼二千余人。 冯太后鸩杀太上皇帝（献文帝），称太皇太后，临朝称制。
北魏太和元年（477 年）	五月乙西，孝文帝车驾祈雨于武州山，俄而澍雨大洽。
北魏太和三年（479 年）	八月，孝文帝幸方山，起思远佛寺。
北魏太和四年（480 年）	八月戊申，孝文帝幸武州山石窟寺。
北魏太和六年（482 年）	三月辛巳，孝文帝幸武州山石窟寺，赐贫老者衣服。
北魏太和七年（483 年）	云冈石窟现存最早的纪年铭刻：第十一窟"邑义信士女等五十四人造石庙形象九十五区"。 五月戊寅朔，孝文帝幸武州山石窟佛寺。七月乙未，行幸方山石窟寺。
北魏太和八至十三年（484~489 年）	将作大匠钳耳庆时（王遇）主持开凿第九、十窟。
北魏太和十八年（494 年）	孝文帝亲告太庙，奉迁神主。辛亥，车驾发平城宫。十一月己丑，车驾至洛阳。 孝文帝迁都洛阳以后，云冈石窟大规模的开凿工程基本告终。
北魏正光年间（520~525 年）	北边六镇农民起义，极大地削弱了北魏政权，武州山石窟寺营造工程自此结束。
唐贞观十四年（640 年）	置云中郡。对个别洞窟进行维修并雕刻佛像。
金皇统七年（1147 年）	夷门曹衍记并书《大金西京武州山重修大石窟寺碑》。
明嘉靖四十三年（1564 年）	《重修云冈堡记碑》，云冈之名最早见于此碑，后人改武州山石窟寺为云冈石窟，沿用至今。

结 语

　　从云冈石窟回望北魏平城时代，幸福安宁是世人的美好祈愿，文明融合与重归一统是北方各民族的时代心声。历史文物凝结了众多的文明往事，平城时代百年塑造的多元文化与艺术新风，再经由北魏洛阳持续的孝文革新而吹遍华夏大地，融入中华文脉，为隋唐大一统的繁荣兴盛奠定了基础。

论文

《魏书·释老志》中的一段文献

——兼论云冈模式

文 / 杭侃（北京大学中国考古学研究中心 云冈研究院）

《魏书·释老志》中有一段论及龙门石窟开凿的文献，殊为珍贵：

"景明初，世宗诏大长秋卿白整准代京灵岩寺石窟，于洛南伊阙山，为高祖、文昭皇太后营石窟二所。初建之始，窟顶去地三百一十尺。至正始二年中，始出斩山二十三丈。至大长秋卿王质，谓斩山太高，费功难就，奏求下移就平，去地一百尺，南北一百四十尺。永平中，中尹刘腾奏为世宗复造石窟一，凡为三所。从景明元年至正光四年六月已前，用功八十万二千三百六十六。"[1]

这段文献包含着很多信息，现就此段文献拟三个议题，试加解读，以就正于方家。

一、宦官与石窟工程

这段文献中提到的白整、王质和刘腾都是孝文帝、宣武帝时期的风云人物，三人在《魏书·阉官传》中均有传。其中白整、王质的职务都是大长秋卿。北京图书馆藏《魏故中常侍大长秋卿平北将军并州刺史云阳男张君墓志铭》记录了白整的生平：

"君讳整，字菩提，并州上党郡刘陵县东路乡吉迁里人。源出荆州南阳郡白水县。五世祖充，晋末为路川戍主，因宦遂居上党焉。燕赵之世，冠冕弥光。暨世祖太平真君中，君以乡难入京，奉策宫掖，幼有明肃之称，显祖异焉。高祖嘉其祗笃，授以太官令，除中给事中，迁中常侍立忠将军、云阳男。上美其勋绩，加大长秋卿龙骧将军，委以六宫之事。春秋六十，景明四年十月廿一日寝疾薨于第。皇上悛悼，朝间悲恻。使持节策赠平北将军并州刺史，男如故。十一月廿五日葬于洛阳之西北斗泉陵。"[2]

白整深得孝文帝信任，"委以六宫之事"。太和二十三年（499年），孝文帝元宏崩，遗诏赐死皇后冯润。北海王元详奉命前往冯润宫里将其赐死，但冯润不肯服毒，与元详同去的白整强行灌其毒药，冯润死时年仅三十岁，追谥为幽皇后。事见《魏书·皇后列传》：

"高祖崩，梓宫达鲁阳，乃行遗诏。北海王详奉宣遗旨，长秋卿白整等入授后药。后走呼不肯引决，曰：'官岂有此也，是诸王辈杀我耳！'整等执持，强之，乃含椒而尽。"[3]

可见白整在孝文朝参与政事之深。

王质继白整之后任大长秋卿，但时间不长，据《魏书·阉官传》：

---

[1] 魏收撰、中华书局编辑部点校《魏书·卷一百一十四·释老志十·第二十》，中华书局，1974年，第3043页。

[2] 北京图书馆金石组编《北京图书馆藏中国历代石刻拓本汇编·第三册》，中州古籍出版社，1997年，第68页。

[3] 魏收撰、中华书局编辑部点校《魏书·卷十三·皇后列传第一·孝文幽皇后冯氏》，中华书局，1974年，第334页。

"王质，字绍奴，高阳易人也。其家坐事，幼下蚕室，颇解书学。为中曹史、内典监。稍迁秘书中散，加宁朔将军，赐爵永昌子，领监御。迁为侍御给事，又领选部、监御二曹事，复特加前将军，进爵魏昌侯。转选部尚书，加员外散骑常侍。出为镇远将军、瀛州刺史。质在州十年，风化粗行，察奸纠慝，究其情状，民庶畏服之。而刑政刻峻，多所笞戮，号为威酷。高祖颇念其忠勤宿旧，每行留大故，冯司徒亡，废冯后，陆叡、穆泰等事，皆赐质以玺书，手笔莫不委至，同之戚贵。质皆宝掌以为荣。入为大长秋卿，未几而卒。"[1]

刘腾更是曾经权倾朝野。刘腾在这段文献中的职务是中尹，但是他也做过长秋卿：

"长秋寺，刘腾所立也。腾初为长秋令卿，因以为名。在西阳门内御道北一里，亦在延年里，即是晋中朝时金市处。寺北有濛汜池，夏则有水，冬则竭矣。中有三层浮图一所，金盘灵刹，曜诸城内。作六牙白象负释迦在虚空中。庄严佛事，悉用金玉。作工之异，难可具陈。四月四日，此像常出，辟邪师子导引其前。吞刀吐火，腾骧一面；彩幢上索，诡谲不常。奇伎异服，冠于都市。像停之处，观者如堵，迭相践跃，常有死人。"[2]

宣武帝即位之初就下诏为他的父亲孝文帝和亲生母亲文昭皇太后营建两座石窟，白整是实施这一皇家工程的具体领导者，其后的王质和倡议为宣武帝再造一座石窟的刘腾都是宦官，也就是说与云冈石窟第一期为五位皇帝开凿的五座大像窟不同，昙曜五窟工程的领导者昙曜是来自凉州的高僧，而龙门石窟的皇家工程领导人已经变成了宦官。这一变化并不始于龙门石窟，在云冈石窟第二期洞窟的开凿过程中，负责皇家工程的领导者已经发生了实质性的变化，这一变化与昙曜的失势和冯太后实力的崛起相关。

昙曜圆寂的时间不详，《续高僧传·昙曜传》没有记录他去世的时间，但在《魏书·释老志》中延兴二年（472年）孝文帝发布的诏书中还可以见到"沙门统昙曜"的名字：

"延兴二年夏四月，诏曰：'比丘不在寺舍，游涉村落，交通奸猾，经历年岁。令民间五五相保，不得容止。无籍之僧，精加隐括，有者送付州镇，其在畿郡，送付本曹。若为三宝巡民教化者，在外赍州镇维那文移，在台者赍都维那等印牒，然后听行。违者加罪。'又诏曰：'内外之人，兴建福业，造立图寺，高敞显博，亦足以辉隆至教矣。然无知之徒，各相高尚，贫富相竞，费竭财产，务存高广，伤杀昆虫含生之类。苟能精致，累土聚沙，福钟不朽。欲建为福之因，未知伤生之业。朕为民父母，慈养是务。自今一切断之。'又诏曰：'夫信诚则应远，行笃则感深，历观先世灵瑞，乃有禽兽易色，草木移性。济州东平郡，灵像发辉，变成金铜之色。殊常之事，绝于往古；熙隆妙法，理在当今。有司与沙门统昙曜令州送像达都，使道俗咸覩实相之容，普告天下，皆使闻知。'"[3]

值得注意的是，继任昙曜沙门都统之职的是方山思远寺的寺主僧显。

唐道宣著《广弘明集》（664年）卷二十四收录的《帝以僧显为沙门都统诏》记：

"今以思远寺主法师僧显，仁雅钦韵，澄风柔镜。深敏潜明，道心清亮。固堪兹任，式和妙众。近已口白，可敕令为沙门都统。又副仪贰事，缁素攸同。顷因曜统独济，遂废兹任。今欲毗德赞善固须其人。皇舅寺法师僧义，行恭神畅温聪谨正，业茂道优，用膺副翼。"[4]

这是孝文帝任命思远寺主法师僧显为新的沙门都统，任皇舅寺法师僧义为都维那的诏书。据《魏书》记载，方

[1] 魏收撰、中华书局编辑部点校《魏书·卷九十四·列传阉官第八十二·王质》，中华书局，1974年，第2025页。
[2] 杨衒之撰、周祖谟校释《洛阳伽蓝记校释·卷第一·城内》，中华书局，2010年，第35～37页。
[3] 魏收撰、中华书局编辑部点校《魏书·卷一百一十四·释老志十·第二十》，中华书局，1974年，第3038页。
[4] 道宣撰：《广弘明集·卷第二十四》，收录于《四部丛刊初编（83）》，上海书店，1989年。

山思远寺的修建时间有太和元年（477年）与太和三年（479年）两说[1]，因此僧显出任思远寺主的时间可以推测为在477年或者479年以后。

思远寺在太和三年（479年）八月之前已修建于方山（《魏书·高祖纪》），建后不久的太和五年（481年），开始营建冯太后寿陵和永固石室，并于太和八年（484年）竣工（《魏书·冯太后传》）。思远寺寺主僧显明显是冯太后信任的僧人。这从皇舅寺法师僧义"用膺副翼"也可以得到印证：《水经注·漯水》记如浑水"又南迳皇舅寺西，是太师昌黎王冯晋国所造。有五层浮图，其神图像，皆合青石为之，加以金银火齐。众采之上，炜炜有精光"[2]，可知皇舅寺是冯太后之兄冯熙所建的寺院，内有华丽的五重塔。

这是一次重大的人事变动，昙曜集团的失势是显而易见的事实，这也会影响到武州山石窟寺的开凿。《魏书》所记载的皇帝行幸武州山石窟寺的记录，在太和七年（483年）五月以后断绝，自此至迁都洛阳的大约10年时间里，一次都没有皇帝行幸的记录。与此相对照，479年"幸方山，起思远佛寺"以后，480年八月、481年四月、482年三月、483年七月、484年四月和七月幸"方山石窟寺"、485年四月和六月、486年六月和七月、487年五月、488年四月和七月、489年四月、490年正月和七月以及同年九月冯太后驾崩、十月葬于永固陵，都有孝文帝巡幸方山的记录。所以，石松日奈子认为"此后武州山石窟寺不再是平城佛教的中心，取而代之的是新任沙门都统僧显的方山思远寺。这意味着因为昙曜的下台，武州山石窟寺与皇室之间的关系开始疏远了。"[3]

太和七年之后云冈石窟的开凿与皇室之间的关系是否疏远可以再议。云冈石窟分为三期，云冈石窟在第二期，即孝文帝和冯太后时期多开凿成组的双窟，议者多认为这与孝文帝和冯太后"二圣"祈福有关。据宿白先生的研究，这一时期的洞窟就有由宦官主持兴造的，也就是说皇家石窟的营建工程主要负责人，在孝文帝和冯太后时期已经由高僧转变为宦官。如云冈石窟的第9、10窟，宿白先生根据《大金西京武州山重修大石窟寺碑》，推测为钳耳庆时（王遇）所主持开凿。《金碑》记崇教（福）的情况是："今寺中遗刻所存者有二……一在崇教，小而完。其略曰：安西大将军散骑常侍吏部内行尚书宕昌钳耳庆时镌岩开寺。其铭曰：承借□福，遮邀冥庆，仰钟皇家，卜世惟永。盖庆时为国祈福之所建也。末云：大代太和八年建，十三年毕。"又云："崇福则成于钳耳。"[4]《金碑》征引遗刻标明"其略曰""末云"，表明《金碑》有关钳耳庆时在云冈营造的有关内容，是节录碑文，而不是全文。

《魏书·阉官传》有王遇传，称"王遇，字庆时，本名他恶，冯翊李润镇羌也。与雷、党、不蒙俱为羌中强族。自云其先姓王，后改氏钳耳，世宗时复改为王焉。自晋世已来，恒为渠长。父守贵，为郡功曹，卒。遇既贵，追赠安西将军、秦州刺史、澄城公"[5]。

本传记其"性巧，强于部分"。"北都方山灵泉道俗居宇及文明太后陵庙"都是王遇监作。迁都洛阳之后，宣武初，王遇兼将作大匠，"洛京东郊马射坛殿、修广文昭太后墓园、太极殿及东西两堂、内外诸门制度皆遇监作。虽年在耆老，朝夕不倦，跨鞍驱驰与少壮者均其劳逸。"[6]

---

[1] "（太和）三年……八月壬申，诏群臣直言尽规，靡有所隐。乙亥，幸方山，起思远佛寺。"《魏书·卷七上·高祖纪第七上》，中华书局，1974年，第146～147页。
"太和元年二月，幸永宁寺设斋，赦死罪囚。三月……又于方山太祖营垒之处，建思远寺。"《魏书·卷一百一十四·释老志十·第二十》，中华书局，1974年，第3039页。

[2] 郦道元著、陈桥驿校证《水经注校证·卷十三·漯水》，中华书局，2007年，第313页。

[3] [日]石松日奈子著、姜捷译《云冈中期石窟新论——沙门统昙曜的地位丧失和胡服供养人像的出现》，《考古与文物》2004年第5期，第81～92页。

[4] 宿白《〈大金西京武州山重修大石窟寺碑〉校注——新发现的大同云冈石窟寺历史材料的初步整理》，载于《中国石窟寺研究》，生活·读书·新知三联书店，2019年，第53～54页。

[5] 魏收撰、中华书局编辑部点校《魏书·卷九十四·列传阉官第八十二·王遇》，中华书局，1974年，第2023页。

[6] 同上，第2024页。

钳耳庆时信佛教，《水经注》卷一三《漯水》记他在平城东郊建祇洹舍：

"（平城）东郭外，太和中，阉人宕昌公钳耳庆时立祇洹舍于东皋，椽瓦梁栋、台壁棖陛、尊容圣像及床坐轩帐，悉青石也，图制可观，所恨惟列壁合石疏而不密。庭中有《祇洹碑》，碑题大篆非佳耳。然京邑帝里佛法丰盛，神图妙塔桀峙相望，法轮东转，兹为上矣。"[1]

清末陕西澄城出《大代宕昌公晖福寺碑》，知他还曾在家乡建晖福寺。《晖福寺碑》文云："我皇文明自天，超世高悟……太皇太后圣虑渊详，道心幽畅……散骑常侍、安西将军、吏部内行尚书、宕昌公王庆时资性明茂……于本乡南北宅上，为二圣造三级佛图各一区，规崇爽垲，择形胜之地，临沃衍，据条刚……伐良松于华畎之阴，掇文瑶于荆山之阳，旌功锐巧，穷妙极思，爰自经始，三载而就……太和十二年岁在戊辰（488年）七月己卯朔一日建。"[2]

王遇为冯太后所赏识，与另外一位宦官抱嶷并为冯太后所宠信，"遇与抱嶷并为文明太后所宠，前后赐以奴婢数百人，马牛羊他物称是，二人俱号富室。"[3]抱嶷在《魏书·阉官传》中亦有传：

"抱嶷，字道德，安定石唐人，居于直谷。……小心慎密，恭以奉上，沉迹冗散，经十九年。后以忠谨被擢，累迁为中常侍、安西将军、中曹侍御、尚书，赐爵安定公。自总纳言，职当机近，诸所奏议，必致抗直。高祖、文明太后嘉之，以为殿中侍御，尚书领中曹如故，以统宿卫。俄加散骑常侍。高祖、太后每出游幸，嶷多骖乘，入则后宫导引。……加嶷大长秋卿。嶷老疾，请乞外禄，乃以为镇西将军、泾州刺史，特加右光禄大夫。将之州，高祖饯于西郊乐阳殿，以御白羽扇赐之。……自以故老前宦，为政多守往法，不能遵用新制。"[4]

抱嶷位高权重，统高祖、文明太后宿卫，"高祖、太后每出游幸，嶷多骖乘，入则后宫导引"，但是，他在后来回家乡泾州任刺史，其原因很可能是与孝文帝政见不合，"自以故老前宦，为政多守往法，不能遵用新制。"抱嶷在泾州开凿了王母宫石窟[5]，这个石窟又被称为"云冈第六窟的升级版"[6]。石窟位于甘肃平凉市泾川县西郊，汭河和泾河交汇处的宫山脚下。与云冈石窟第六窟一样，是陇东地区年代较早、较大型的一个中心柱式窟。石窟坐西面东，高11米，宽12.6米，深13米，中心柱宽7米，深7.6米[7]，规模可称宏大。

值得注意的是抱嶷同样曾经担任大长秋卿，大长秋为皇后所有的官属的负责人。关通后宫内外，对外传达皇后旨意。所以，云冈第二期石窟的开凿总体上还是皇家工程，只是第一期工程都是为皇帝祈福，而第二期工程因为有冯太后的参与而变得复杂化，此为另外的议题，拟撰文再议。

二、石窟的开凿工程

《魏书》中明确记载了龙门宾阳三洞的斩山工程和所用功量："初建之始，窟顶去地三百一十尺。至正

[1] 郦道元著、陈桥驿校证《水经注校证·卷十三·漯水》，中华书局，2007年，第314~315页。

[2] 赵一德《晖福寺碑赏析（并注）》，载于云冈石窟研究院《2005年云冈国际学术研讨会论文集（研究卷）》，文物出版社，2005年，第703~721页。

[3] 魏收撰、中华书局编辑部点校《魏书·卷九十四·列传阉官第八十二·王遇》，中华书局，1974年，第2024页。

[4] 魏收撰、中华书局编辑部点校《魏书·卷九十四·列传阉官第八十二·抱嶷》，中华书局，1974年，第2021~2022页。

[5] "右后魏化政寺石窟铭。北史及魏书有宦者抱嶷传，云嶷终于泾州刺史，自言其先姓杞，后避祸改焉。今此碑题'泾州刺史杞嶷造'，疑后复改从其本姓尔。"参考赵明诚撰、金文明校证《金石录校证·卷第二十一·跋尾十一·后魏、东魏、梁·后魏化政寺石窟铭》，中华书局，2019年，第413页。

[6] 甘肃省文物局《泾川王母宫石窟：云冈石窟第六窟的"升级版"》，微信公众号"甘肃省文物局"2022年9月27日，https：//mp.weixin.qq.com/s/2yS2HQ2-JgorJ4XJNBOXAg。

[7] 张宝玺《甘肃泾川王母宫石窟调查报告》，《考古》1984年第7期，第622~626页。

始二年中，始出斩山二十三丈。至大长秋卿王质，谓斩山太高，费功难就，奏求下移就平，去地一百尺，南北一百四十尺。永平中，中尹刘腾奏为世宗复造石窟一，凡为三所，从景明元年至正光四年六月已前，用功八十万二千三百六十六。"[1]

斩山是营建大型石窟的基本工事，其目的是在坡状的山体中开凿出垂直的壁面，以进一步开窟造像。这一施工过程，也同时掘凿出两边的斩山侧壁和窟前的平台面，它们共同围合成窟前半开敞的空间。斩山一词首见于《魏书·释老志》，但在明代的史料中还在使用，如山西金灯寺石窟中所立嘉靖二十七年《建西方四十八愿殿像记》曾记述了金灯寺石窟的开凿经过：

"遂盟心决志启修，崇释其力，一旦疏众贿，命匠斩山成殿，其内环列诸佛菩萨三乘法像，令如经旨。其像亦以贞石而琢之，复以黄金而饰之。"[2]

斩山是洞窟开凿的基本前提，在斩山斩出的正壁上开窟，向内凿出基本窟形，再在各壁造像。斩山不用太多的技巧，一般的石匠即可为之，所以文献中也有将斩山与造像分开记功的，如河南安阳宝山灵泉寺隋开皇九年（589年）开凿的大住圣窟，高 2.6 米，宽深均 3.4 米，平面方形，覆斗顶，三壁各造像一铺。在窟门外东侧上方镌刻有隶书题刻：

"大隋开皇九年己酉岁敬造窟用功一千六百廿四。像世尊用功九百。卢舍那世尊一龛。阿弥陀世尊一龛。弥勒世尊一龛。三十五佛世尊三十五龛。七佛世尊七龛。传法圣大法师廿四人……"[3]

《魏书·释老志》所指的三座龙门北魏石窟，在 20 世纪 40 年代前还有争论，后来水野清一、长广敏雄、塚本善隆指出今宾阳三洞具有统一的布局和雕凿，应当是文献所载世宗营造的三窟，并认为景明初原始斩山位置可能在奉先寺区域。50 年代，刘汝醴通过宾阳三洞斩山壁面尺度的测算，与文献对应，进一步确认了其为世宗所造三窟[4]，此点现已成为学界共识。80 年代，宫大中注意到宾阳洞上方高处犹有斩山遗迹，认为那就是原始斩山地点[5]。

三洞自景明初始建至正光四年（523年）停工，历时 20 余年，北魏时期只有中洞完成，南、北两洞未完成，现洞窟主尊及壁面龛像，多为隋唐时期补凿。中洞正壁，一坐佛、二弟子、二菩萨五尊式布局，两侧壁各雕一立佛、二菩萨，前壁分栏浅浮雕文殊维摩诘对坐、本生故事、帝后礼佛、十神王等图像，窟顶雕飞天帐幔，地面雕莲花，窟门甬道两侧壁各一天王，门外两侧各一力士，造像风格统一。因为是皇家工程，所以有详细的记录，这份记录很可能来自于"石窟署"的档案，这份档案截止于正光四年六月[6]。至于为什么会截止到正光四年六月，宾阳洞的开凿工程有可能受到刘腾在正光四年三月去世的影响；但结合文献云冈石窟的开凿"终乎正光"，所以也有可能是受到六镇起义的影响波及。

[1] 《资治通鉴》记载："魏景明之初，世宗命宦官白整为高祖及文昭高后凿二佛龛于龙门山，皆高百尺。永平中，刘腾复为世宗凿一龛，至是二十四年，凡用十八万二千余工而未成。"范子龙对比两种用功量，认为《魏书·释老志》所记可信。参见范子龙《论龙门石窟宾阳三洞的雕刻用功》，《中原文物》2023 年第 5 期，第 140 ～ 144 页。
[2] 杨烈《宝岩寺明代石窟》，《文物》1961 年第 12 期，第 42 ～ 47 页。
[3] 杨宝顺《河南安阳灵泉寺石窟及小南海石窟》，《文物》1988 年第 4 期，第 1 ～ 14 页。
[4] 刘汝醴《关于龙门三窟》，《文物》1959 年第 12 期，第 17 ～ 18 页。
[5] 宫大中《龙门石窟艺术试探》，《文物》1980 年第 1 期，第 6 ～ 18 页。
[6] 范子龙《论龙门石窟宾阳三洞的雕刻用功》，《中原文物》2023 年第 5 期，第 140 ～ 144 页。

三、云冈模式

宿白先生十分重视云冈石窟的研究，从上世纪40年代起，到2010年发表《试释云冈石窟的分期——〈云冈石窟卷〉画册读后》[1]，可以说云冈石窟的研究贯穿了他整个的学术生涯。他强调云冈石窟在早期石窟研究当中的重要性：

"云冈石窟影响范围之广和影响延续时间之长，都是任何其它石窟所不能比拟的。这种情况，恰好给我们石窟研究者提供了对我国淮河以北的早期石窟（5世纪后半叶到7世纪前叶）进行排年分期的标准尺度。因此，云冈石窟就在东方早期石窟中占有极重要的地位，对它的研究在很大程度上成了研究东方早期石窟的关键；对它研究的深入与否，直接影响一大批石窟的研究工作。"[2]

云冈石窟是统治北中国的北魏皇室集中了全国技艺和人力、物力所兴造的一处皇家石窟，从建都平城之年起，凡是从被北魏灭亡的各个政权区域内强制迁徙，或是从南北战场俘获的人口、财物，主要都集中到平城及其附近。宿白先生统计了在此过程中的移民数量后总结"集中的数字是庞大的，就人口而言，最保守的估计，也要在百万人以上；而被强制徙出的地点如山东六州、关中长安、河西凉州、东北和龙（即龙城）和东方的青齐，都是当时北中国经济、文化最发达的地方。迁移的同时，还特别注意对人才、伎巧的搜求。"[3]在此基础上兴建的云冈石窟，自然会产生出新的模式，"平城既具备充足的人力、物力和包括工巧在内的各种人才；又具有雄厚的佛事基础，包括建寺造像的丰富经验；还和早已流行佛教的西域诸国往还密切，包括佛像画迹的传来。有了这些条件，北魏皇室以其新兴民族的魄力，融合东西各方面的技艺，创造出新的石窟模式，应是理所当然的事。"[4]

龙门石窟是在云冈模式影响下开凿的石窟，《魏书·释老志》中明确地记述宾阳洞的开凿是想"准代京灵岩寺石窟，于洛南伊阙山，为高祖、文昭皇太后营石窟二所"，也就是继承了云冈石窟为二圣造像的传统开凿成组的双窟。后来在开凿的过程中，刘腾又为宣武帝祈福，增凿了一座洞窟，是为宾阳三洞，宾阳三洞的开凿过程对于我们理解云冈石窟的双窟和三窟也是有帮助的。

问题是"准代京灵岩寺石窟"开凿的宾阳洞，不论是洞窟形制和造像题材、造像风格，均与云冈石窟有比较大的差异，这就涉及"模式"的内涵。继宿白先生提出凉州模式、云冈模式的概念之后，不断有学者参与石窟兴造中模式与样式的讨论。什么是石窟兴造的模式？模式和样式有什么样的区别等等，都是可以进一步深入讨论的问题[5]。从现在发表的文章来看，宿白先生对于云冈模式的阐述也有一个不断思考的过程，本文仅就白

---

[1] 宿白《试释云冈石窟的分期——〈云冈石窟卷〉画册读后》，《文物》2010年第7期，第63～65页。

[2] 宿白《平城实力的集聚和"云冈模式"的形成与发展》，载于氏著《中国石窟寺研究》，生活·读书·新知三联书店，2019年，第162～163页。

[3] 同上，第134页。

[4] 同上，第141～142页。

[5] 宿白先生提出石窟开凿的凉州模式、云冈模式之后，很多学者参与模式和样式的讨论，如：古正美《再谈宿白的凉州模式（摘要）》，《敦煌研究》1988年第2期；温玉成《公元1至3世纪中国的仙佛模式》，《敦煌研究》1999年第1期；刘锡涛《浅谈龟兹石窟艺术模式》，《丝绸之路》1999年S1期；费泳《"青州模式"造像的源流》，《东南文化》2000年第3期；常青《略论唐代长安佛教造像艺术样式》，载于《1998法门寺唐文化国际学术讨论会论文集》，陕西人民出版社，2000年；王建新《试论佛教造像的长安模式与盛唐风格》载于《慈善寺与麟溪桥：佛教造像窟龛调查报告》，科学出版社，2002年；常青《浅谈石窟考古断代方法与样式研究》，《考古与文物》2003年第5期；全涛《东汉"西王母＋佛教图像"模式的初步考察》，《四川文物》2003年第6期；温玉成《用"仙佛模式"论说钱树老君》，《新疆师范大学学报（哲学社会科学版）》2006年第1期；于春《论佛教考古研究中的"模式"》，《西北大学学报（哲学社会科学版）》，2013年第3期；何利群《从北吴庄佛像埋藏坑论邺城造像的发展阶段与"邺城模式"》，《考古》2014年第5期；郑弌《论宿白"区域模式论"的生成》，《美术》2016年第9期；罗世平《图像与样式——佛教美术的两个常识概念》，《形象史学》2019年第1期；李方芳《何谓佛教"模式"——基于"凉州模式"立论逻辑对"秦州模式"立论的考辨》，《南京艺术学院学报（美术与设计）》2023年第1期。最新的研究为夏立栋对"高昌样式"的讨论，见《高昌石窟与高昌样式》，《考古》2024年第1期。

先生对于云冈模式的论述加以研读。

宿白先生在《平城实力的集聚和"云冈模式"的形成与发展》一文中对"模式"进行了定义，强调了模式的讨论应该和洞窟的分期排年结合在一起考虑，云冈模式只是一个统称：

"本世纪初以来，研究者在调查其历史年代和艺术源流之次，逐渐研讨其排年分期和窟室类型。首先出现某些有代表性特征的类型，可暂称之为模式。云冈模式先后有显著的发展变化，它的出现与发展都应与分期问题联系起来。"[1]

那么具体到云冈石窟的三期洞窟，与云冈模式的关系究竟如何呢？

宿白先生在《莫高窟现存早期洞窟的年代问题》里也讨论了云冈模式的问题：

"迁洛以前，平城作为魏都已近百年（398～494），当时平城及其附近集中了大量的财富和接近百万的人口，其中包含有来自中原北方各地的各种人才，北魏皇室权贵在云冈兴凿石窟之初，平城内外修建佛寺已继续进行了半个多世纪，尽管其间经历了六七年的灭佛阶段。因此，我们可以设想当时平城的佛教建置已具有一定基础，如果说，我们对复法不久开凿的云冈第一期石窟完全形成了自己的特色抱有疑虑的话，那么，大批兴建的第二期石窟工程已完成'云冈模式'，应该说是没有什么问题。迁洛以后，云冈窟龛的雕造并未衰歇，大约到了公元515年孝明帝即位后，洛阳才大事兴修佛寺，中原北方地区才又可能出现一新的佛教建置的典型所在。以上说明，从460年以后，到6世纪初，出现可以作为东方石窟模式的地点，云冈最具条件。6世纪初以后，才又增加了一个洛阳。"[2]

在这里，宿白先生明确了云冈石窟第二期洞窟已经完成云冈模式，但是，对第一期石窟用了很委婉的表述，即"如果说，我们对复法不久开凿的云冈第一期石窟完全形成了自己的特色抱有疑虑的话"，也就是说宿白先生在此文中对云冈石窟第一期能不能称为已经具备了新的模式抱有保留的态度，但是在后来的文章中，他则肯定了云冈石窟第一期已经形成了新的模式，他说：

"在造型方面，云冈第一期大像所具有的广颐、短颈、宽肩、厚胸等造型特点，虽与葱岭东西乃至甘肃及其以东早期佛像多有接近处，但其雄健之姿尤为突出。所以研究者多联系《魏书·释老志》所记北魏佛教有天子即是当今如来的传统和文成帝即位后所造石像'令如帝身，既成，颜上足下各有黑石，冥同帝体上下黑子'的敕令，推测昙曜五窟的主要佛像有可能仿效北魏皇帝的形象。沿西方旧有佛像服饰的外观，模拟当今天子之容颜风貌，正是一种新型的佛像融合。总之，云冈第一期石窟，就整体观察，它应是参考前规，融以新意，有自己的显著特色，从而构成了第一期的云冈模式。"[3]

云冈石窟第一期形成了"参考前规，融以新意"的云冈模式，则第二期石窟又形成了属于第二期的云冈模式。云冈石窟第二期洞窟进行了许多改革与创新，"这个时期即云冈第二期。此期云冈开窟总的工程规模超过了第一期，它所呈现的如上所述的时代特点大异于第一期。这些时代特点综合起来即构成了云冈第二期模式。"[4]

有意思的是，宿白先生在讨论云冈石窟第三期洞窟的时候，不是用的模式，而是"样式"（宿白先生在讨论龙门北朝洞窟的时候，用的也是龙门样式，而不是龙门模式："多年来，我一直感到龙门北朝洞窟情况复杂，它

---

[1] 宿白《平城实力的集聚和"云冈模式"的形成与发展》，载于氏著《中国石窟寺研究》，生活·读书·新知三联书店，2019年，第136页。

[2] 宿白《莫高窟现存早期洞窟的年代问题》载于氏著《中国石窟寺研究》，生活·读书·新知三联书店，2019年，第349页。

[3] 宿白《平城实力的集聚和"云冈模式"的形成与发展》，载于氏著《中国石窟寺研究》，生活·读书·新知三联书店，2019年，第142页。

[4] 同上，第155页。

不足以表明当时洛阳佛教盛况，却出现了所谓的'龙门样式'"[1]，措辞一向严谨的宿白先生区分"模式"和"样式"，应该是有特别的考虑：

"迁洛后，皇室在云冈的大型窟室工程中辍，而大批留居和夏来的亲贵、中下官吏以及邑人信众充分利用平城旧有的技艺和资料，在云冈开凿了大量的中小窟室。云冈第一期无中小窟室，第二期为数也甚少，所以第三期盛行雕凿的大量中小窟室，即使起步于以前设计的基础上，也必然要有新的创造。同时，冬居洛阳的亲贵更深染华风，重视中原事物，所雕窟龛进一步汉化，亦是意中之事。因此，云冈第三期样式，自然又不同于第二期。值得注意的是，云冈第三期样式与洛阳地区北魏窟室的关系。"[2]

宿白先生很重视云冈石窟第三期的中小洞窟，并且认为云冈石窟"第三期工程并未衰落，和第一、二期相比，只是没有开凿大型窟室而已。值得注意的是此期窟室式样急剧变化，成为云冈窟室式样最繁杂的阶段。"[3]宿白先生还强调云冈石窟第三期的洞窟发展序列完整，这样一来就需要讨论北魏迁都洛阳之后云冈和龙门之间的关系：

"《魏书·肃宗纪》记熙平二年（517）冬十月乙卯所下停止北京居民南迁之诏书中，特别标出：'门才术艺应于时求者，自别征引，不在斯例'。这不仅说明当时洛阳兴建急需'门才术艺'，更重要的是明确表明一直到熙平末年平城还有较多可供征引的'门才术艺'。"[4]

按照一般的推理，北魏王朝迁都洛阳之后，龙门石窟的洞窟形制和造像样式可能会影响云冈石窟，但根据宿白先生的研究，他认为情况可能恰恰相反：

"洛阳地区开始兴建石窟，主要参考云冈。孝文、宣武时期开凿的龙门古阳洞模拟云冈第二期窟室。宣武以来开凿的宾阳洞，有明确记录的是'准代京灵岩寺石窟'（《魏书·释老志》），即云冈石窟，这都是一般所公认，但此后孝明时期开凿的大批中小窟室的渊源却少有论及。洛阳地区孝明时期开凿的中小窟室，主要有接近方形平面或方形平面的三壁设坛和三壁三龛两种形制，亦即云冈第三期的 B 型窟和 C 型 c 式窟。云冈这两种形制窟室的出现都比洛阳为早，而且在窟室形制、布局、佛像组合、形象造型以及细部装饰等方面的发展变化，云冈不仅早于洛阳，更重要的是，其演变程序完整、清楚，与洛阳颇多突然出现或消失的情况不同，这就更有力地说明了变化的来源，主要出自云冈，而不是云冈较多地接受了洛阳影响。"[5]

那么，什么是宿白先生所说的"样式"呢？在《〈大金西京武州山重修大石窟寺碑〉的发现与研究》一文中，宿白先生与日本学者长广敏雄专门论述了"样式论"：

"有关样式的问题，我们常用"类型"这一名词。考虑石窟的类型，一般要包括：一、石窟形制；二、主要形象和形象组合（布局与题材）；三、纹饰与器物；四、艺术造型与技法。例如探索云冈石窟的分期，我们就是从分析石窟的类型入手的。"[6]

综上所述，笔者认为模式和样式是有区别的，首先，模式的出现需要一些基础的条件。宿白先生在论述云冈模式的时候，就首先讨论了平城实力的集聚：

---

[1] 宿白《洛阳地区北朝石窟的初步考察》，载于氏著《中国石窟寺研究》，生活·读书·新知三联书店，2019 年，第 181 页。

[2] 宿白《平城实力的集聚和"云冈模式"的形成与发展》，载于氏著《中国石窟寺研究》，生活·读书·新知三联书店，2019 年，第 161 页。

[3] 同上，第 155 页。

[4] 同上，第 160 页。

[5] 同上，第 161 页。

[6] 宿白《〈大金西京武州山重修大石窟寺碑〉的发现与研究——与日本长广敏雄教授讨论关于云冈石窟的某些问题》，载于氏著《中国石窟寺研究》，生活·读书·新知三联书店，2019 年，第 116 页。

　　"最近在大同市北郊小石寺村大沙沟北发现的鹿野苑石窟主窟，在窟室形制、布局和造像形制方面，也具有类似的上述特征。鹿野苑石窟，据《魏书·显祖纪》记载'（皇兴）四年（470）十有二月甲辰，幸鹿野苑石窟寺'，知建于献文帝时期。由此可知，流行这种样式是公元 460 年至公元 470 年间平城地区开凿石窟的式样。这种式样的石窟，就已知的资料，自南亚、中亚以迄我国新疆、甘肃地区，都还没有发现相似的先例。因此，我们认为它应是 5 世纪中期平城僧俗工匠在云冈创造出的新模式，现在需要我们考虑的是：公元 470 年以前的平城，有没有新创石窟模式的条件。"[1]

　　其次，模式应该具有广泛的传播性，而且这种传播，不仅仅是样式的传播，而且包括观念的传播。"帝京翼翼，四方之则"[2]。

　　云冈石窟所创造和不断发展的新模式，"很自然地成为魏国领域内兴造石窟所参考的典型。所以，东自辽宁义县万佛堂石窟，西迄陕、甘、宁各地的北魏石窟，无不有云冈模式的踪迹，甚至远处河西走廊、开窟历史早于云冈的敦煌莫高窟亦不例外。"[3]

　　宿白先生提出了凉州模式、云冈模式，但是没有提出敦煌模式、龙门模式。依笔者的愚见，敦煌作为"华戎交汇"的地方，集聚了来自多方的佛教文化，但是本身的洞窟形制、造像样式并不具有明显的扩张性。

---

[1] 宿白《平城实力的集聚和"云冈模式"的形成与发展》，载于氏著《中国石窟寺研究》，生活·读书·新知三联书店，2019 年，第 138 页。

[2] 杨衒之撰、周祖谟校释《洛阳伽蓝记校释·卷第二·城东》，中华书局，2010 年，第 93 页。

[3] 宿白《平城实力的集聚和"云冈模式"的形成与发展》，载于氏著《中国石窟寺研究》，生活·读书·新知三联书店，2019 年，第 163 页。

云冈第 12 窟梵天劝请故事图考释

——兼谈商主奉食、四天王奉钵图变式

文／赵昆雨（云冈研究院）

第 12 窟是一个具前后室的佛殿窟，窟平面呈长方形，外立壁列立两根方形抹角柱，外观形成面宽三间的建构形式。日本学者多认为第 12 窟是第 9、10 窟的缩小版，无论是否，只是此言之下或会掩盖了第 12 窟诸多新创之举，尤其当音乐主题被视为该窟最耀眼的成就时，佛经故事图就显得有些落寞。事实上，盛行于云冈晚期的儒童本生与阿输迦施土因缘故事图对称布局的形式，乃发端于第 12 窟。如果说第 12 窟前室西壁降服火龙与毒龙示现两幅故事图以连续展开的表现形式脱胎于犍陀罗佛教美术，那么将犍陀罗地区常见的商主奉食与四天王奉钵两幅故事图做松绑式的剥离分开，则是第 12 窟的成功改造。凭此即见，第 12 窟佛经故事图在云冈的地位与价值何其之重！

一、第 12 窟的开凿时间

第 12 窟属云冈中期（471～494 年），究其具体镌建时间，则说论颇多。

宿白先生认为，第 11、12、13 窟为一组洞窟，并似共用一个前庭[1]，其中只有第 12 窟按原计划完工。

冈村秀典先生认为当初先开凿了两侧的第 11、13 窟，第 12 窟居后，因受剩余空间制约，不得不将洞窟规模缩小至三分之二以下。第 12 窟"从以交脚菩萨（即弥勒）为本尊的配置来看，应该是太和十四年冯太后殁后着手开凿"[2]。

八木春生先生同意第 11、12、13 窟为一组洞窟，认为"这三个洞窟在壁面营造的时间上，尽管第十二窟稍晚一些，但是时间上的差距并不大，可以说几乎与另外两个洞窟是同一时期的"[3]。

我认为，第 11、12、13、13-4 窟是由献文时期亲帝势力发愿营造的一组洞窟，最初的创建时间约为延兴末（471～476 年）[4]。第 11 窟的停工时间应在太和之初，复工续凿工程概始于孝文帝太和六年（482）三月幸武州山石窟寺之后，至太和十三年（489 年）时大致完成，中心塔柱、拱门及明窗两侧壁以及壁面上的个别龛像，则延续到太和十九年（495 年）。太和二十年（496 年）后，该窟仍有零星雕刻。既为同一组洞窟，其规划、创建时间当相去不远。特别是由于同组的第 11 窟在二次复工时留下太和七年（483 年）题铭，则第 12 窟的营凿时间理应在太和七年之前。至于该窟何时竣工，那是另外的话题了。

---

[1] 宿白《平城实力的集聚和"云冈模式"的形成与发展》，载于《中国石窟寺研究》，文物出版社，1996 年，第 128 页。

[2] 冈村秀典著，徐小淑译《云冈石窟的考古学研究》，四川人民出版社，2021 年，第 208 页。

[3] 八木春生著，侯悦斯译《云冈石窟第十二窟的营造过程》，《艺术学界》2021 年第 1 期。

[4] 赵昆雨《云冈第 11 窟营凿的几个问题》，《2005 年云冈国际学术研讨会论文集•研究卷》，文物出版社，2006 年，第 323 页。

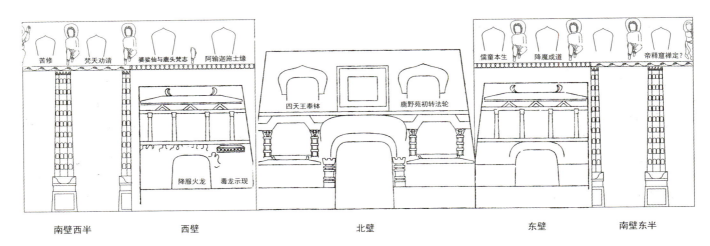

苦修　梵天劝请　婆娑仙与鹿头梵志　阿输迦施土缘　　　　　　　儒童本生　降魔成道　　帝释窟禅定？

四天王奉钵　　鹿野苑初转法轮

降服火龙　毒龙示现

南壁西半　　　西壁　　　　　　北壁　　　　　　东壁　　　南壁东半

图1　云冈第12窟前室故事图分布

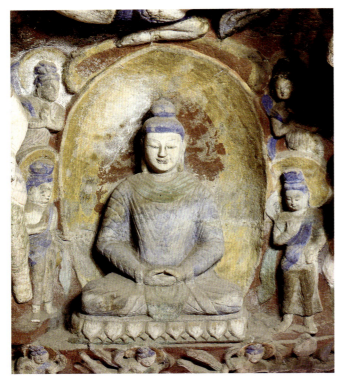

图2　云冈第12窟前室南壁第2幅

图3　拉合尔博物馆藏帝释窟说法

二、第12窟佛经故事图的分布与内容

第12窟现存佛经故事图15幅，均系单幅式构图形式，其中，有4幅题材内容尚未考明。具体分布如下述（图1）。

前室13幅：

北壁明窗西侧"四天王奉钵"；东侧"鹿野苑初转法轮"。

西壁第一层"降服火龙""毒龙示现"；第三层"婆娑仙与鹿头梵志""阿输迦施土缘"。

东壁第一层，不明；第三层"儒童本生""降魔成道"。

南壁需略作解释。东起第1幅，画面下半部毁失，题材不明；第2幅，一禅定坐佛，素面舟形背光，两侧下层各雕戴冠菩萨像，其上方各雕一供养天（图2）。如果这只是单纯的一尊禅定坐佛独此，或不会联想故事图之类的表述，关键是此处，它俨然贯穿于故事图系中，就不得不考虑其故事性色彩了。其貌似与"帝释窟禅定"题材有关，尽管没有出现犍陀罗图式的乐神般遮翼，似亦可理解，该窟满壁的伎乐形象还不足以对此细节的表达吗？但缺乏犍陀罗图式中基本的"山野意境"元素就难以解释了（图3）。所以，还不太确定。第3幅为"尼连禅

文明丽迹——北魏平城与云冈石窟艺术

河苦行"题材，有些学者以为云冈仅此 1
例，其实第 18 窟南壁明窗上方的一组禅定
坐佛中，也夹有一尊面容消瘦、颈部肌肉
呈条索状、胸部肋骨条条可见的苦修像（图
4）；第 4 幅，考为"梵天劝请"题材。

后室 2 幅：

南壁窟门东侧"商主奉食"；西侧，不明。

第 12 窟佛经故事图多为值遇、供养诸
佛的题材，应是希望求得佛的授记，以期
在未来世能有好的果报。

三、云冈梵天劝请故事图考释

"梵天劝请"佛传图，云冈有两处，一
是此前已确认的第 7 窟[1]，当时没有展开讨
论，即便借此文加以补充。另一就是第 12
窟前室南壁西侧第 4 幅，过去未解不明，由
画面中人物的造型及布局，尤其梵志合掌
跪礼的细节，我认为应是表现梵天劝请的
佛传题材。该画面中，一佛结跏趺坐于莲
台上，高肉髻，双目垂视，神情沉定，身
着覆肩袒右式袈裟，左手置膝，手握衣襟，右
手上举结施无畏印，舟形背光构成龛形（图
5）。佛像两侧各雕刻三层人物，均具圆形
头光。右侧，下端第一层，二梵志前后长
跪覆莲台上（图 6），主次分明，他们形销
骨立，均袒上身，下穿短裤，身体前倾恭礼。
居前者头束高髻，浓眉相连，蓄山羊胡，双
手交叠抚右胸。一旁从者眼窝深陷，大眼
突出，双手当胸叠合，作倾耳聆听状。梵
志是对佛教以外的出家修行者的通称，在
云冈，凡表现外道的场合，均以蓄着山羊
胡、瘦骨嶙峋的人物样貌出现，如第 9 窟"尼
乾子投火缘"、第 6、12 窟"降服火龙"等。
第二层并立 2 高发髻供养天，斜披络腋，双
手合掌。第三层雕一持莲蕾飞天，斜披络腋，下穿羊场大裙，露足。左侧，下端第一层，1 人交脚盘坐于莲台

图 4　云冈第 18 窟南壁苦行像

图 5　云冈第 12 窟前室南壁梵天劝请佛传

图 6　云冈第 12 窟前室南壁梵天局部　　图 7　云冈第 12 窟前室南壁帝释天局部

---

[1] 赵昆雨《云冈石窟佛教故事雕刻艺术》，江苏美术出版社，2010 年，第 78 ～ 79 页。

上，头梳卷发（图7），左手自然下垂，右手上举抚胸，披半袖帔帛，下穿大裙，身形壮硕。其身后有1人长跪，亦具莲台，梳高发髻，双手合掌，斜披络腋。上方第二、三层雕刻内容大致同右侧。

"梵天劝请"是佛传故事题材中非常重要的一个环节，《增一阿含经》《长阿含经》《太子瑞应本起经》《过去现在因果经》等汉译佛经均有收录，但故事发生的时间、场景并不一致，尤其出场的相关人物，梵天不用说是该故事的固定角色，帝释天却时有时无不确定。就第12窟此故事图的表现看，应是依据《过去现在因果经》雕刻。经云，佛陀在菩提树下得道后，原地停留数周，反复论证自己体悟到的法理真谛，决定不向世人宣讲所悟之法。为什么呢？他想：我所悟得的法理深奥难解，只有佛与佛之间的圣人才能通达理解。一切众生身处五浊恶世之中，为贪欲忌恨、愚痴邪见、骄慢谄曲等等所覆障，薄福钝根，没有智慧，怎会领悟这样的佛法真谛呢？如果我现在就为他们说法，他们不但迷惑不解，拒绝接受，而且还会生出诽谤之心，从而使他们来世堕入恶道，承受种种痛苦。既然如此，我宁愿保持沉默，让佛法一直伴我涅槃。大梵天王得知佛陀的这一念头后，来到佛前恭敬劝请："世尊啊，众生过去世时，亲近善友，植诸德本，可以胜任闻法，您怎么可以保持沉默而不说法呢？"紧接着，帝释天以及他化自在天的天子也来劝请佛陀为众生说法。

图8　斯瓦特出土，柏林国立印度美术馆藏片岩梵天劝请　　　　图9　柏林国立印度美术馆藏1世纪片岩装饰盘梵天劝请

郭良鋆先生《佛陀和原始佛教思想》说："梵天劝请说法，形式上是神话。但佛陀相信五道（天、人、牲畜、恶鬼和地狱）轮回，相信天神的存在。在沉思入定中，很可能会出现这种幻觉。而实际上，这是反映佛陀本人内心的思想冲突，他在自己说服自己为众天说法。"[1] 也有认为梵天劝请故事本是佛与梵天默契配合演绎的一场戏，佛假故不作宣法，梵天、帝释天分别来劝，"乃至三请"，佛才应允受请。梵天是婆罗门教三大主神之一，帝释天则是印度教众神之主、世俗世界之主，他们二位委身佛前数番悬祈，释迦才决定向众生弘法，可见求法之不易，为信众闻法树立了极大信心。

"梵天劝请"故事图是犍陀罗佛教美术初期最常见的佛传题材，犍陀罗北部斯瓦特地区公元前后的布特

---

[1] 郭良鋆《佛陀和原始佛教思想》，中国社会科学出版社，1997年，第55页。

图10 欧洲私人收藏页岩梵天劝请

卡拉佛教遗址中就发现数例，其构图样式从初始即成定式，趋于模式化：一坐佛，结禅定印，头顶上方雕菩提树，佛像两侧或跪或立雕梵天与帝释天（图8、9），梵天束发或绾髻，以修行者的形象出现，一般居佛右侧；帝释天头戴敷巾或宝冠，多以王侯贵族的样貌呈现，居佛左侧。"佛左右配制礼拜的梵天、帝释天，给人感觉是意图在于征服婆罗门教之神，显示佛之优越性。当然，不仅如此，梵天就是把宇宙的真理brahman神格化了的神，占据着作为精神界主的地位。帝释天是充满活力（力量）的战士，同时也被称赞为支配世俗世界的众神的王。梵天与帝释天是关系到印度世界观的主要神，梵天具有行者式的形象，帝释天具有王者式的形象。在古代印度的世界观里，梵天与帝释天是既对立又互补的关系。佛陀通过深入瞑想，大彻大悟（觉悟），达到凌驾于梵天的精神世界，又转法轮将恩惠带给世界，成为也要超过帝释天的伟大的王者。可以说梵天与帝释天礼佛的构图，在印度社会与世界观中，象征性地讲述了统一'行者'与'王者'这个既对立又补充的性格"[1]。

云冈第12窟梵天劝请故事构图明显受染于犍陀罗样式（图10），梵天以清瘦的修行者形象表现，居佛右侧，他身旁另一人代表的是梵天众。画面左侧胡人相的帝释天，头发卷曲，身体健壮，伴其身后的是他化自在天的天子。最上端还有来自忉利天宫的散花飞天。整幅画面构图讲求对称而富于变化，气氛端重而不失灵动之美，雕技娴熟。

再说云冈第7窟梵天劝请故事图，这是另一种表现形式。

首先，如前所述，汉译诸佛经在描述"梵天劝请"故事时，关于故事发生的时间、场景等均存异。《长阿含经》中二天劝请的对象甚至都不是释迦佛，而是过去佛毗婆尸。

第7窟"梵天劝请"故事应依据《增一阿含经 · 卷10 · 劝请品》雕凿。经云：

闻如是。一时，佛在摩竭国道场树下，尔时，世尊得道未久，便生是念："我今甚深之法难晓难了、难可觉知，不可思惟。休息微妙，智者所觉知，能分别义理，习之不厌，即得欢喜。设吾与人说妙法者，人不信受，亦不奉行者，唐有其劳，则有所损。我今宜可默然，何须说法？"尔时，梵天在梵天上，遥知如来所念，犹如士夫屈伸臂顷，从梵天上没不现，来至世尊所，头面礼足，在一面住。尔时，梵天白世尊曰："此阎浮提必当坏败，三界丧目，如来、至真、等正觉出现于世，应演法宝。然今复不畅演法味，惟愿如来普为众生广说深法。又此众生根源易度，若不闻者，永失法眼。……然不闻法而便丧者，不亦苦哉？今正是时，唯愿世尊当为说法。"尔时，世尊知梵天心中所念，又慈愍一切众生故，说此偈曰："梵天今来劝，如来开法门，闻者得笃信，分别深法要。犹在高山顶，普观众生类，我今有此法，升堂现法眼。"尔时，梵天便作是念："如来必为众生说深妙法。"欢喜踊跃，不能自胜，头面礼足已，即还天上。尔时，梵天闻佛所说，欢喜奉行。

[1] 宫治昭著，贺小萍译《犍陀罗初期佛像》，《敦煌学辑刊》2006年第4期。

又云:

闻如是。一时，佛在舍卫国祇树给孤独园。尔时，释提桓因至世尊所。到已，头面礼足，在一面住，白世尊曰："云何比丘断于爱欲，心得解脱，乃至究竟安隐之处，无有诸患，天、人所敬？"尔时，世尊告释提桓因曰："于是，拘翼，若是比丘闻此空法解无所有，则得解了一切诸法。如实知之，身所觉知苦乐之法。若不苦不乐之法，即于此身观悉无常，皆归于空。彼已观此不苦不乐之变，亦不起想，以无有想，则无恐怖；以无恐怖，则般涅盘。生死已尽，梵行已立，所作已办，更不复受有，如实知之。是谓，释提桓因，比丘断于爱欲，心得解脱，乃至究竟安隐之处，无有灾患，天、人所敬。"尔时，释提桓因礼世尊足已，绕三匝而退。……尔时，目犍连具说法已，犹如士夫屈伸臂顷，从三十三天没不现便来至舍卫城祇树给孤独园。至世尊所，头面礼足，在一面坐。尔时，目犍连即于座上白世尊曰："如来前与释提桓因说除欲之法，唯愿世尊当与我说之。"……尔时，大目犍连闻佛所说，欢喜奉行。[1]

由经文可见，梵天、帝释天次第劝请佛陀说法的时间、地点、方式均有别。梵天行以"劝"，地点在摩揭陀国释迦成道处的菩提树下，这也是该题材画面中，佛的头顶上方总是表现树叶的原因；帝释天则重在问法，以问"请"佛，地点在舍卫国祇树给孤独园精舍。自犍陀罗初期以来，梵天、帝释二天劝请说法的情节就基本上合并在同一幅故事图中表现，但新疆克孜尔石窟壁画梵天劝请图中，通常只有梵天而少见帝释。

云冈第7、8窟是一组双窟，其典型特征是讲求对称性。第8窟后室西壁因风化，龛像俱失不辨，不能评价与东壁是否对称。第7窟后室东西两壁故事龛像在布局设计上表现出的对称、呼应关系就很清楚。西壁第

图11　云冈第7窟后室西壁第三层北龛梵天劝请　　　　图12　云冈第7窟后室东壁第三层北龛

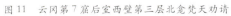

[1]《大正藏》第2册，大正一切经刊行会，1934年，第593页。

图 13　南印度龙树山佛教遗迹出土 3 世纪佛塔覆钵饰板中层

三层北龛内雕一坐佛，左手握持衣襟，右手上举结施无畏印。佛像两侧各一菩萨装人物（图 11），头戴素面宝冠，冠式高而宽大，冠面上由阴线勾勒出竖条，冠顶作连续的弧形。二人物均穿长裙，倚坐于束帛座上，双手合掌。水野清一先生、长广敏雄先生认为这是"为长者之子耶舍说法"的故事题材，但随后又加以解释说："判断雕像是耶舍可能还存有疑问，因为这里有两个人物。但从另一方面看，若将戴宝冠的年轻人视为富人的儿子也是比较自然的"[1]。我对此持疑，推断为"梵天劝请"故事题材，两侧戴冠人物分别是"在一面坐"的帝释天与目犍连。

东壁第三层北龛与西壁第三层北龛即此"梵天劝请"图对应，亦为圆拱龛，可惜风化严重，龛内坐佛胸部以下残泐，左胁雕一梵志倚坐于束帛座上（图 12），高发髻，眼眶深陷，身形瘦削，左手置膝，右手泐失。右胁原雕造像荡然无存，亦应如左侧为一梵志。如水野、长广先生所言，与西壁第三层北龛年轻英俊的耶舍相比较，此处则是年老且满面皱纹的婆罗门老者形象，二者对照鲜明，并认为此处表现的是"优楼频螺 · 迦叶的皈依"佛传故事题材[2]。我认为此处所雕与西壁"梵天劝请"属同一题材中的另一部分内容，即该故事最先发生的梵天来劝的情节，所谓"婆罗门老者"乃是梵天，东西壁二龛内容合起来，就是对《增一阿含经 · 卷 10 · 劝请品》的完美演绎。

四、云冈商主奉食、四天王奉钵故事图变式

由商主奉食引发的四天王奉钵故事，是释迦成道后第一次接受世俗供养的重要内容，见载于《过去现在因果经》《普曜经》《法显传》等。故事的大意是，经梵天劝请，佛陀去婆罗奈国为侨陈如等 5 人先开法门。时有二商主"提谓"与"波利"（亦有佛经称"跋陀罗斯那"与"跋陀罗梨"），率五百商人值遇佛陀，受天人启示，以蜜麦供养，成为佛陀最初的在俗弟子。当二商主虔心供奉蜜麦时，佛陀就意识到自己没有接受供养的盛具，暗自思忖：过去诸佛接受布施时，多以钵盛食。四天王意会到佛的心思，各持一钵降现在他的面前。佛又想：该用其中的哪一只呢？我今天若受其中之一，另三位天王受到冷落，内心不平衡，甚至会凭生恨心。他便同时接受了四钵，然后施法力令其合为一体，盛受供食。

犍陀罗地区的四天王奉钵故事图十分普遍，且明显多于商主奉食题材。商主奉食图因不具独特的标识性，从一开始就与四天王奉钵图构织在一起表现。南印度龙树山佛教遗迹出土的 1 件 3 世纪佛塔覆钵饰板中层，右侧为二商奉食题材，左侧表现四天王奉钵题材，设计在同一层位（图 13）。云冈最早出现这两个题材的第 8 窟，亦正如是。该窟后室东壁第三层并列 2 圆拱龛，龛形、龛内造像、布局结构基本一致（图 14），佛陀结跏趺坐于龛内，龛口两侧下端各胡跪二供养众，均双手捧钵。唯北龛佛像手中持钵，两侧奉钵者穿胡服，代表商主，至于为什么布置 4 个人，可能出于与南龛对称的需要；南龛内佛像不持钵，两侧奉钵者为菩萨装的四天王。新疆克孜尔第 123 窟主室前壁上方左侧一幅壁画也是将商主奉食与四天王献钵放在连续的画面中表现。

[1] 水野清一、长广敏雄著，中国社会科学院考古研究所译《云冈石窟》第四卷，科学出版社，2014 年，第 55 页。
[2] 水野清一、长广敏雄著，中国社会科学院考古研究所译《云冈石窟》第四卷，科学出版社，2014 年，第 53 页。

图 14　云冈第 8 窟后室东壁第二层并列圆拱龛

图 15　巴基斯坦白沙瓦博物馆藏 2～3 世纪四天王奉钵

此外，现藏巴基斯坦白沙瓦博物馆的一件 2～3 世纪的四天王奉钵图（图 15），佛陀居中，结跏趺坐，头顶上方雕刻象征菩提树的枝叶，其左手持钵，右手上举，两侧分立 2 天王，除了位列最右侧的天王，其余均双手奉钵。四天王的两侧各有一胡跪状人物，双手捧物高高举起，他们正是奉献饮食的二商主。云冈第 6 窟南壁第三层东侧故事龛内一结跏趺坐佛，波纹式发髻，左手结施与愿印，右手上举，有残损，应结施无畏印。龛外下层两侧各长跪 3 身捧钵供养菩萨（图 16），水野、长广先生将此考证为"四天王奉钵"题材。常青先生对此持疑，"天王是四位，第 8 窟后室东壁第三层南龛主尊佛的两侧就有四位跪姿捧钵者，与四天王奉钵题材相符合。而此处的捧钵者是六位，数目不相符，应该表现的是另一情节。……佛用钵'食毕，竟掷钵虚空。有天子名善梵，即接取之，无罣碍。钵斋上梵天，亿千梵天皆共供养，右绕奉事。'因此，南壁第三层东侧龛的六人捧钵，很可能表现的是佛将天王奉献的钵掷向虚空之后，由众梵天供养的场面。似乎原来的钵又化现成了多钵，由众梵天神各执一钵"[1]。这不失为解读此故事图的一个新思路。不过，我认为，此画面正如水野、长广先生所考为"四天王奉钵"题材，至于多出的两位奉钵者应是二商主，亦即该画面将"商主奉食"与"四天王奉钵"内容合二为一地去表现，实际上是犍陀罗该题材造像传统之脉承。

当然，犍陀罗偶尔也见到过独立的商主奉食图，如现藏巴基斯坦白沙瓦博物馆的一件雕刻（图17），佛陀居中，其右侧侍立二商主，双手各持食袋举奉向佛，他们身后有牛与马匹，或卧或立，牛背上还驮着物品，这个细节非常重要，它可能是形成中国5世纪后期"商主奉食"构图模式的滥觞先声。云冈第12窟后室南壁东龛"商主奉食"故事图即脱离"四天王奉钵"而单独表现，这在云冈首见，之所以能做到如此，是因为画面中增添了胡商队元素，具备了标志性、可识性的特质，其创作灵感或来源于当时通过丝路东来贩易的粟特人商队。画面中一佛结禅定印端坐（图18），舟形火焰背光

图16　云冈第6窟南壁第三层东龛

图17　巴基斯坦白沙瓦博物馆藏商主奉食

---

[1] 常青《云冈石窟第6窟佛传故事雕刻再研究》，《美术研究》2023年第2期。

图 18 云冈第 12 窟后室南壁东龛商主奉食

外围拥簇着密集的供养天众，有高发髻供养天，有剃发形比丘，两侧最下方分布头戴尖顶帽、穿交领窄袖右衽长袍的胡商队，左侧跪卧 2 匹骆驼，背驮食袋，右侧驻立马匹。该窟后室南壁西侧对应位置另有一幅故事图，内容虽不可考，但从画面看也以"供养"为主题（图 19），并且供养众的身形比之东龛更大，男左女右分列两侧，左侧 2 男性由一位手托香炉供具的比丘引导；右侧 3 女性供养人，或托香炉，或双手捧莲蕾，或执长茎莲。以上供养众均穿鲜卑俗装，身份更具体，他们"似乎意在希望像提谓、波利一样值遇、供养佛陀"[1]。

　　云冈自第 12 窟之后，再没有看到四天王奉钵题材，商主奉食故事图则另见于第 17 窟窟门东侧壁（属中期追刻龛）、第 16-1 窟西壁、第 37 窟西壁，构图呈模式化，通常都是在龛外两侧雕刻头戴尖顶帽的胡商与背驮物品的驼、马商队。故此，诸如第 37 窟西壁"商主奉食"故事龛下半部虽遭遇软岩层而崩毁不堪，但仅凭幸存的驼队即可推断其题材内容。何况该龛拱楣内中央雕一坐佛，左手持钵（图 20），右手上举结施无畏印。在龛楣位置雕刻佛像持钵，云冈仅见于此，极其特殊，概与龛内表现商主奉食的主题有关吧。

---

[1] 王友奎《云冈石窟第 11—13 窟图像构成分析》，《敦煌研究》2017 年第 4 期。

图 19　云冈第 12 窟后室南壁西龛

图 20　云冈第 37 窟西壁佛龛持钵坐佛

中国石窟发展脉络中的云冈石窟

——基于与龙门石窟的简要对比

文／韦正（北京大学考古文博学院）

云冈石窟和龙门石窟都是中国古代伟大的佛教艺术宝库，两处石窟和彼此关系一直受到高度重视。由于每一处石窟都体量巨大、艺术精湛，既往虽不乏结合两处石窟的研究，但总体说来还是有限，而且多着眼于某个方面，如佛塔、佛衣、建筑样式等[1]。以佛教考古的角度，将两处石窟置于中国石窟发展脉络中进行宏观考察尚属必要，因此本文试做简要分析，重点在强调云冈石窟的地位和历史阶段性。

一、性质方面

云冈和龙门石窟的性质既有相似，也有不同。云冈石窟的主体部分是第 1 ~ 20 窟[2]，其兴起和延续都与皇家直接相关。第 21 窟及其以西洞窟，第 4 和 5 窟之间龙王沟窟区，以及位于第 1 ~ 20 窟之间的第 4、15 窟，基本都是云冈第三期洞窟，即迁洛之后开凿的洞窟，已经不是皇家。第 11 窟中很多龛像虽然开凿于迁洛之前，但从题记看属于官僚贵族造像，这是特殊情况，可能与某种特定原因有关，不能因此否认第 1 ~ 20 窟主体是皇家窟乃至帝王窟的性质。这意味着，在云冈石窟开凿的盛期，即迁洛之前，也就是以宿白先生为代表的学者划定的云冈石窟第一、二期，云冈石窟是皇家窟乃至帝王窟，其他人基本没有在云冈造窟，或许可以将此现象理解为其他人没有在云冈造窟的资格。放眼北魏平城时代其他地区，也基本没有石窟的开凿[3]。这也就意味着，不仅云冈石窟的开凿，而且佛教石窟的开凿，在平城时代的北魏境内都属稀罕之事，当然此时也谈不上云冈对外有什么影响。

龙门石窟最初的兴起则不是皇家行为，而是官僚和贵族行为，这在古阳洞中体现得很清楚，其中太和年间题记洞窟的年代都早于为孝文帝开凿的宾阳中洞。将现在龙门西山北部的宾阳三洞区域单独圈出是孝文帝去世后的事情，这是对平城时代为帝王造窟传统的继承，而不能视为皇家对官僚贵族开窟行为的模仿。宾阳三洞所在区域远离其他北魏洞窟，正是皇家石窟独尊性的表现。换言之，开凿于宾阳中洞之后的官僚贵族石窟都位于远处，都应是回避宾阳三洞的结果。宾阳三洞最初的位置可能就是现在三洞所在之处。《魏书释老志》

---

[1] 代表性论文如严辉、杨超杰《云冈、龙门北魏佛塔的比较研究》，载于李治国主编《2005 年云冈国际学术研讨会论文集（研究卷）》，文物出版社，2006 年；陈悦新《云冈、龙门、巩县、响堂山石窟的佛衣类型》，《考古》2009 年 4 期，第 64 ~ 75 页；张善庆《云冈、龙门石窟屋形龛溯源试论稿》，《云冈研究》2021 年 2 期，第 15 ~ 23 页。

[2] 其中的第 4 窟、15 窟是云冈三期的，与迁都后云冈管理的松弛有关。

[3] 克孜尔等新疆地区继续开凿，跟北魏政权没什么关系。敦煌地区石窟在北魏平城时代继续开凿，主要也是延续当地的传统，没有受到北魏政权建立的影响。合水张家沟门等地太和年间有个别石窟，属于偶发行为，不改变北魏平城时代云冈之外石窟营造活动不兴盛的状况。

记载："景明初，世宗诏大长秋卿白整准代京灵岩寺石窟，于洛南伊阙山，为高祖、文昭皇太后营石窟二所。初建之始，窟顶去地三百一十尺，至正始二年（505年）中，始出斩山二十三丈。至大长秋卿王质谓斩山太高，费功难就，奏求下移就平，去地一百尺，南北一百四十尺。永平中（508～511年），中尹刘腾奏为世宗复造石窟一，凡为三所……。"[1] 现在的宾阳三洞所在区域上方有一道很长的横向痕迹，或许是最初的斩山痕迹。如果确实如此，那么宾阳三洞从一开始规划就与其他区域分开，这个情况与云冈相同，是北魏时期皇家洞窟的性质决定的。这与后来以官僚贵族为主、在名义上提及为皇帝或皇家而造窟祈福的性质完全不同，那样的洞窟才会出现混处现象。要之，龙门石窟鲜明地分为皇家和官僚贵族窟两个区域。官僚贵族在北魏洛阳时代可以自行营造洞窟是很不同于北魏平城时代的新现象，这将云冈的特殊性和北魏平城在中国石窟史上的时代性凸显出来。也正因为如此，将云冈和龙门进行对比时，需要按类别将皇家窟和官僚贵族窟分开进行讨论。

二、形制方面

这一方面涉及的内容较多，分为两个部分来讨论：一是洞窟后壁的通坛问题，这属于对汉式宫殿内部模仿的问题；一是佛殿形龛和佛帐形龛，这主要属于对汉式佛殿外部模仿的问题。

（1）通坛问题

龙门石窟内部情况与云冈石窟相比有较大不同，是在云冈基础上的发展与变化。揭示龙门石窟的复杂性，可以更好地呈现云冈石窟在中国石窟发展脉络中的阶段性。按照将皇家窟与官僚贵族窟分开讨论的思路，下文先对龙门宾阳三洞进行分析 [2]。

虽然只有三个窟，而且宾阳南、北洞没有完工，但宾阳三洞的形制差异是不容忽视的。宾阳中洞是三壁三佛的方形窟（图1）；南洞则是后壁接近通坛的方形窟——主尊佛座前部雕刻得很完整，后部则与二菩萨二弟子的台座连接起来（图2）；北洞原来的规划可能接近南洞。简省起见，下面将南洞后壁的造像座直接称为通坛。南、北洞的年代晚于中洞，但间隔不太久，而且认定为文昭皇太后窟的宾阳南洞有可能与宾阳中洞同时设计和开工，那么两窟的差异就更值得关注了。

图1 宾阳中洞正壁，采自《龙门石窟造像全集》第一卷第54页图157

图2 宾阳南洞正壁，采自《龙门石窟造像全集》第一卷第98页图273

[1]（北齐）魏收撰《魏书》卷一百一十四《释老志》，中华书局，1974年，第3043页。
[2] 限于体例和篇幅，本文不进行考古类型学之类的具体分析工作。

粗略地看，宾阳中洞与云冈诸洞的差异是相当明显的。宾阳中洞方形的窟形，三壁为一佛二弟子二菩萨的一铺完整组合，与云冈马蹄形的窟形、不完整的造像组合的确有所不同。更不用说宾阳中洞造像雕刻技法的平面化和人物形象的南朝化特征，这明显不同于云冈石窟人物形象的雕塑性、服饰的鲜卑民族性或异域性。不过，这种差异不宜视为宾阳中洞和云冈关系的主要方面，三佛题材提示的关联之处可能才是主要方面。宾阳中洞是龙门北魏大窟中仅有的三壁三佛方形窟，这或许说明三佛题材具有垄断性，可视为对云冈皇家乃至帝王窟的继承。与窟形相比，造像组合和服饰特征是较为外在的方面，是皇家窟乃至帝王窟也会适应外部变化的结果[1]。因而在此不能以平均主义的方式看待宾阳中洞中的各种因素。比宾阳中洞年代更早或大概同时前后，官僚贵族在龙门开凿的主要是佛龛而不是洞窟，也可以很好地说明宾阳中洞的特殊性，以及与云冈石窟的关联性。云冈石窟的核心就是皇家乃至帝王窟的垄断性和神圣性。

　　更不可忽视的是宾阳南洞与宾阳中洞的差异。仅就宾阳中洞、南洞而言，或可认为是皇帝与皇后洞窟在形制上的差异，但拟定为宣武帝窟的宾阳北洞也不是三佛题材，而可能本也规划为后壁通坛的方形窟，由此可见来自云冈的三壁三佛方形窟已经被皇家自己所放弃了。宾阳南、北洞都是未完工洞窟，为什么原本不可能是三壁三佛方形窟呢？现在宾阳南洞主尊的服饰、佛座、二护法狮子都是典型唐代特点，但二菩萨二弟子虽经改造，还能看出明确的北魏特征，特别是大莲花像座。正壁的改造工作都没有完成，更不太可能对两侧壁大动干戈。现在正壁及正壁在两侧壁的延伸部分构成一个完整体，两侧壁再往前部分都是唐代新开龛像，这些龛像都是从侧壁的地面一直延伸到窟顶，这是利用了北魏宾阳南洞原状的结果。宾阳北洞的情况也与南洞非常相似，正壁与延伸到两侧壁的部分与再前部更加泾渭分明（图3）。因此，宾阳南、北洞本来的规划就与三壁三佛的宾阳中洞不一样，而有可能原规划是正壁通坛的布局。现在宾阳南洞二弟子二菩萨与主尊之间呈隔断状而非通坛，但二弟子二菩萨莲花座下部距地面尚有一定高度（参见图2）。或以为宾阳南洞左右侧壁前部和前壁下部雕刻的神王为唐代之物[2]，这也不能说明现存宾阳南洞地面是唐代完成的，这是因为，宾阳南洞及北洞与宾阳中洞属于组窟，三窟地面本应基本平齐，宾阳中洞为完成窟，那么其地面高度就决定了南、北洞地面的高度。因此，南洞后壁二弟

图3　宾阳北洞正壁，采自《龙门石窟造像全集》第一卷第24页图76

子二菩萨大莲座下部的尚有一定高度的部分不是唐代下凿而成的，而是在北魏时期就形成了。这个部分既然不是像座，那么，作为通坛是最合适的。

　　有一批官僚贵族洞窟的后壁为通坛者，如魏字洞、药方洞、路洞、皇甫公窟（图4）等，其中有些洞窟还将外立面雕成汉式宫殿样式，更有助于说明后壁通坛模仿了汉式宫殿内部的佛坛。也就是说，汉式宫殿后来在皇室和官僚贵族洞窟中都流行，成为他们共同的选择。准魏字洞等官僚贵族洞窟之例，宾阳南洞后壁原为通坛，通坛形状和二弟子二菩萨均已基本雕成。唐初改造时，主要工作是截断通坛为三部分，通坛的中间

[1] 平洛道上有一些三壁三佛窟，不能与宾阳中洞等同视之。这些小型窟不具有完全的题材和布局选择权。
[2] 阎文儒、常青著《龙门石窟研究》，书目文献出版社，1995年；彭明浩《云冈石窟的营造工程》，文物出版社，2017年。

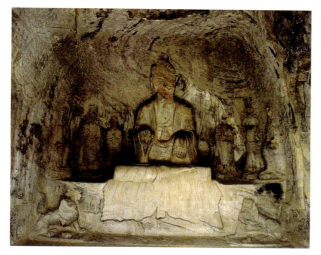

图4　皇甫公窟正壁，采自《中国石窟·龙门石窟》第一卷，图版186

部分被改造成佛座，佛像也进行了相应改造，因而呈现出两侧二弟子二菩萨很大的差异，但后壁最初为通坛的形制没有被尽数掩盖。宾阳北洞的情况与南洞相似，原来也当是后壁通坛的形制。两窟后壁作通坛，造像组合为一佛二弟子二菩萨，两侧壁原规划已不得而知，但肯定不是三壁三佛式。这样在窟形和造像题材组合上，就与宾阳中洞截然有别了，与云冈三壁三佛式窟就更不一样了，这同样将云冈的历史阶段性体现出来了。又，就龙门而言，通坛之设很可能始于宾阳南洞，魏字洞、药方洞等年代都晚于宾阳南洞，窟主身份又都低于宾阳南洞，那么，这些洞窟又都可能模仿了宾阳南洞。换言之，宾阳南洞代表了新的洞窟形制。

在云冈一、二期大窟，尚无可以肯定的通坛，是需要特别指出的现象。云冈只有第6窟后室后壁是一大龛，龛下部为一高台。此高台貌似通坛，但龛内有二柱，龛内主尊佛座直接置于龛内地面之上，二胁侍菩萨也立于龛内地面之上，可知将龛下高台视为佛殿台基更为合适[1]。如此，则云冈一、二期没有通坛之设。

后壁通坛是龙门新创，还是受到外来影响？宾阳南洞造像特征与宾阳中洞的很相似，宾阳中洞受到南方影响的方面很多。那么，后壁通坛是不是也可能是南方的影响？这是可能的，南京栖霞山南朝石窟中有后壁通坛的洞窟，而且弟子与佛同坛、菩萨有单独莲座的情况如出一辙（图5）[2]。不过，与这种异地石窟相似性相比，更重要的是通坛的象征性。从后代佛殿内部设置看，后壁通坛是对佛殿内部佛坛的模仿。为了更好地理解这个问题，下面讨论云冈、龙门石窟中对汉式佛殿的模仿问题。

（2）对汉式佛殿的模仿方面

与后壁通坛问题一样，对汉式佛殿模仿问题，也需要较多讨论龙门石窟材料和特点，才能更好地理解云冈石窟。云

图5　南京栖霞山石窟下002窟，费泳编号，马铭悦拍摄

冈与龙门佛龛形制的种类虽然基本相同，主要是拱顶形、盝顶形、佛殿形三大类——这些形制本质都是对建筑外观的模仿。但与云冈相比，龙门有一些重要变化，至少表现在以下两点：

其一：龙门不少洞窟外部直接雕出建筑样式，如唐字洞、皇甫公窟（图6）、汴州洞[3]。路洞外部可能也是这个形式，窟门外上方正面立鸟依稀可见。外部的佛殿形象是与窟内后壁通坛相应的，二者将石窟更明确地塑造成为一个佛殿。更有甚者，路洞后壁为通坛，在侧壁各雕出了三座佛殿形象，这是前所未有的现象（图7）。

---

[1] 此点与戴恬进行了讨论，戴恬提供了有益的意见。

[2] 本文使用费泳编号，见费泳著《六朝佛教造像对朝鲜半岛及日本的影响》，中华书局，2021年，第118页。

[3] 李文生《龙门石窟北朝主要洞窟总叙》，载于龙门文物保管所、北京大学考古系编《中国石窟·龙门石窟》第一卷，文物出版社，1991年，第265～266页。

图6 皇甫公窟外立面建筑形态,采自《龙门石窟——皇甫公(1609)窟》第1页

云冈只有在年代相对较晚的第9、10、12、14窟外壁雕出建筑样式[1]。

其二:龙门石窟中有若干引人瞩目的汉式佛殿形龛(下面简称佛殿形龛),这在古阳洞中表现得很明显,计有W3、W39、南壁131、南壁136(图8)。还有一些虽然是盝顶形龛,但做成建筑屋顶样式,如古阳洞南壁140龛(图9)。还有一些在盝形龛或拱形龛外部有帷幕,应该模仿的是佛帐[2],如古阳洞南壁67龛(图10),莲花洞北壁6、69、93龛等。莲花洞中这种龛很多,年代也偏晚。古阳洞南北两壁各

图7 路洞南壁浮雕建筑,采自《中国石窟·龙门石窟(一)》,图版210

图8 古阳洞南壁136号龛,采自《古阳洞》第171页

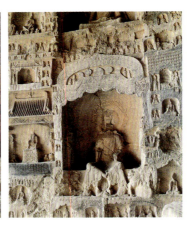

图9 古阳洞南壁140号龛,采自《古阳洞》第176页

8大龛的上层龛都是拱形龛,上部都没有佛帐之类装饰,这些龛的年代都比较早,这很有助于说明在盝形龛或拱形龛外部加上帷幕是中国式做法[3]。这些情况说明龙门石窟对中国建筑的模仿程度更高了,也说明佛龛的形态越来越失去印度本意——对印度建筑侧面形态的模仿(图11)。

[1] 此承云冈研究院郭静娜女士赐告。从遗留的梁孔等雕刻痕迹来看,云冈相关洞窟窟沿上部为模仿中式木构建筑的屋顶,下部为模仿西式建筑的柱廊,立柱为动物或须弥座承托的多棱柱样式,柱身刻千佛,柱础以忍冬、莲花、力士等元素为装饰,南亚风格浓厚。就现场观感而言,窟沿的中式屋顶去人较远,多棱立柱构成了观者对洞窟门面的主要印象,可推知云冈洞窟外壁的建筑雕刻不以模仿东方建筑为主。

[2] 这种佛帐形龛不多,所以将其与佛殿形龛放在讨论了。实际上,佛帐形龛的寓意可作不同理解。一种可将佛帐龛等同于佛殿形龛,都是象征佛殿,表示在佛殿外观像。另一种可能,佛帐象征着直接见到佛像,这与拱形顶和盝形顶的象征性一致。龙门石窟中既雕佛殿形龛,又雕佛帐龛,可能表示入殿和在殿外礼佛在当时处于并存交替过程中。要之,是否入殿礼佛是一个时代的主要风尚,可能不是"一刀切"的政令行为。龙门石窟中还有直接雕出佛帐的龛,如古阳洞北壁第252窟,同样值得注意。

[3] 之所以这么认为,是因为从现存资料看,印度建筑内部不设帷幕。从印度桑奇、巴尔胡特、阿马拉瓦蒂三处大塔和巴贾等石窟,以及巴基斯坦犍陀罗佛教石塔、石板、灰泥板上都能看出,拱形龛、盝顶形龛模拟的都是印度建筑入口处或入口处上方。而进入中国河西及以东地区后发展出来的阙形龛、佛殿形龛是对中国佛殿的模仿。在拱形龛、盝顶形龛内加上中国式的帷幕,佛帐龛则将印度元素几乎都清除了。在洞窟外部雕出汉式建筑的屋脊、鸱尾和立鸟是将石窟直接表达为佛殿,这些都是对印度佛龛佛殿形式进行中国化改变的尝试,龙门北魏石窟是走在历史前列的。这个情况的宏观背景为当时孝文帝大力汉化,具体动因则可能与南朝有很大关系。南方不流行石窟,从印度直接得到佛教资料的机会也少,所以汉式佛殿可能更多更流行。还需要注意的是,如响堂山石窟中多中心柱窟,麦积山西魏北周窟对汉式建筑的表达更细致,须弥山北周窟有典型的中心柱窟,这些或属于历史发展过程中出现的反复,或属于各地传统,或者情况有所差异,但从隋代开始几乎各地大中型石窟都不再流行中心柱窟,这不能不让人将此与某种佛教整顿行为联系在一起,最让人容易联想起来的就是隋文帝佞佛并直接干涉各地佛教活动。

图 10　古阳洞南壁 67 号龛龛楣，采自《古阳洞》第 156 页

图 11　印度南方早期来自于民居的茅草顶庙宇，采自《外国建筑历史图说》第 26 页

　　汉式佛殿形龛与源自异域的拱形龛、盝顶龛在形态上的差异究竟意味着什么？当意味着礼佛方式的差异。拱形顶和盝形顶本是印度古代实用建筑顶部形式（图 12-1，图 12-2）[1]，印度宗教建筑不仅顶部借用这种顶式，还发展出更小的拱形龛和盝形龛以安置圣像。在印度佛教寺院中，如塔克西拉穹窿庙所见，要求入塔观像（图 13）。印度石窟语境下，拱形龛和盝形龛暗示的同样是入塔观像。这个本意因二种龛形传入中国后而被严重忽略了，多将它们视为格套或装饰，甚

图 12-1　巴基斯坦洪德博物馆 PM.1080"四天王奉钵"形象，采自《譬若香山》第 277 页

图 12-2　佛传浮雕版"出城"中的建筑形象，采自《文明の十字路・バーミヤン大仏の太陽神と弥勒信仰－ガンダーラから日本へ－》第 29 页

至或认为盝顶龛是中国本有之物 [2]，其实大不然也。明乎此，就能看出佛殿形龛的寓意很不同于拱形龛或盝顶龛了。

　　不过，具体情况可能比较复杂。入殿观像与否可能经历了这样的逻辑过程：最初要求入殿观像，后来入殿和在殿外并行，再然后又是入殿观像。最初入殿观像，也就是入塔观像，这是佛教本来的要求，也是佛教被

---

[1] 巴基斯坦洪德博物馆"四天王奉钵"形象，拱形龛和盝顶龛交错，由拱形龛可知盝顶龛一样都是建筑形式，二者都有"密梁"；图 12-2 佛传浮雕版"出城"中对盝顶形建筑表现得更清楚（此展览图册系友人刘剑专门从日本携回赠送，特此致谢！）。云冈石窟第 11 窟西壁，拱顶、盝顶、汉式建筑三种都有。拱顶、盝顶在中国地面建筑中很少但并非没有迹象，而且多作为室内部分而更难以保存，但与汉式佛殿龛的内涵不一样是可以肯定的。由此可知，在龙门得到发展的佛殿形龛，暗示的是汉式佛殿建筑的发展。云冈并非没有佛殿形龛，如云冈第 9 窟后室南壁就有一个佛殿形龛，但为数不多，尚不足以引起特别关注。
[2] 温玉成《龙门北朝小龛的类型、分期和洞窟排年》，载于《中国石窟·龙门石窟》第一卷，文物出版社，第 178 页。

图13　巴基斯坦塔克西拉锡尔卡普城穹窿庙，马慧晴拍摄

图14　大同北魏贾宝墓墓室，采自《文物》2021年6期，第28页

称为"像教"的一个重要原因。但在这个过程中，舍宅为寺等将汉式建筑改造成佛殿的行为已隐含中国传统不入殿祭祀与佛教入殿观像的冲突了。大概从宋以后，入殿观像礼佛又成为普遍的行为了，这从宋代以后佛殿建筑内前部空间很大可以看出，也与宋以后佛教世俗化有关[1]。最初与宋以后之间则是入殿和不入殿并存的阶段，具体的时间起点难明，但北朝到唐代当就处于这个阶段，这有一些证据。

北朝时期的证据可举大同北魏贾宝墓室中的仿木构建筑为例，其前廊进深一间，廊下有设祭场景，明确表明当时存在在前廊下进行祭祀的礼仪方式（图

图15　长清孝堂山石祠（图片来自网络）

14）[2]。贾宝墓的这种礼拜方式植根于中国传统，值得略展开说明，最直接的相关资料是汉代祠堂。信立祥将汉代墓地祠堂按规模和形态差异分为四种，分别为嘉祥宋山墓、铜山白集墓、长清孝堂山墓（图15）、嘉祥武氏祠前石室和左右室，他说："有一点很值得注意，这四种石祠堂的前部，都是既无墙壁又无门扉，似乎可由人任意进出。但是，作为人的进出口，敞开的祠堂前部又显得过于低矮。……实际上，这种石结构祠堂不过是一种象征性的祭祀建筑，祭祀时祭祀者并不进入祠堂，祭祀典礼活动都在祠堂外进行。"[3]信立祥还举山东沂南画像石墓的图像为证，那幅图像其实不能肯定是祭祀场景，但不妨碍在室外祭祀的判断，这是因为信立祥举出的文献资料《从事武梁碑》"前设坛埠，后建祠堂"、张衡《冢赋》"恢其广坛，祭我兮子孙"，图像资料即早年长清孝堂山下发掘出土小石祠堂的祭祀图，都表现的是祠堂外祭祀场景[4]。信立祥还指出，四种祠堂中，第四种在后壁上还开向外突出的一个小龛室，即《后汉书·祭祀志》中的"石室"，也就是《汉旧仪》所载宗庙中的"坎"。这个设施，在长清孝堂山祠堂内表现为："最后紧靠后壁横置一块长贯左右侧壁的长方形祭台石。"[5]可见，汉代祠堂的形制也并不统一，但不妨碍墓葬祠堂由陵庙或宗庙发展而来的判断，这有助于推想当时陵庙或宗庙祭祀也是在室外进行。还有一个细节，那就是汉代祠堂前部屋顶一般长于后部[6]，这有助

---

[1] 宋辽建筑前部流行月台可能与佛教世俗化引发参与法事的人众很多有关。

[2] 大同市考古研究所《山西大同北魏贾宝墓发掘简报》，《文物》2021年6期，第23～37页。

[3] 信立祥《汉代画像石综合研究》，文物出版社，2000年，第81页。

[4] 同上，第82页。

[5] 同上，第76页。

[6] 明清以来习以为常的入殿观像其实是后来发生的事情。

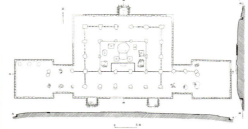

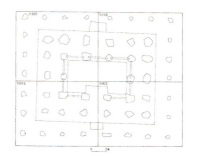

图 16-1　日本奈良唐招提寺（图片来自网络）　　图 16-2　东半城 1 号佛寺正殿平面图，采自《六顶 图 16-3　城北 9 号佛寺正殿平面图，
山和渤海镇》第 78 页图 46　　　　　　　　　 采自《六顶山和渤海镇》第 83 页图 47

于推测在室外檐下进行祭祀。长清孝堂山石祠内后壁下方有高起的长条石，一般认为是供奉神主之用，这样与檐下祭祀构成呼应关系。这与贾宝墓和龙门魏字洞等洞窟的关联性就更强了。

唐代能直接说明在前廊下礼佛的现存最早佛寺建筑是日本奈良唐招提寺（图 16-1）。其前廊宽大，也是进深达一间。考古遗址中，相当于唐代前后的渤海上京城龙泉府发现了两座佛寺：东半城 1 号佛寺正殿和城北 9 号佛寺正殿（图 16-2；图 16-3），二者都是前廊包括建筑正身最前一进、建筑正身平面为倒凹字形的建筑，整个建筑的基本形态与贾宝墓木堂非常相似[1]。佛光寺现存前檐墙有学者怀疑是后代改造所致，原来也是有进深达一间的宽大前廊[2]。

由上可知，龙门北魏石窟强调佛殿形龛，或直接将石窟外部雕出佛殿形，不宜视为单纯的艺术行为，而是洛阳北魏寺院中佛殿和礼佛活动状况的反映。将后壁通坛一起加以考虑的话，对佛殿的模仿程度就更高了。从这个角度来看，云冈和龙门的差异是相当显著的。云冈虽然也有佛殿形龛，但除了云冈第 6 窟后室后壁大龛外，云冈石窟中可以直接指认为佛殿的几付阙如。由此或可反推认为云冈石窟以及平城地面寺院有可能更多地保存着印度或西域石窟寺的本意，值得我们继续深究。

三、造像题材布局方面

洞窟形制与造像题材布局之间具有内在关联性，从云冈到龙门，洞窟形制与造像题材布局都相应发生着变化。下面集中说明造型题材布局的变化，并适当讨论这个变化与形制变化之间的关系。

题材布局方面的主要问题是弟子像问题，也就是一佛二弟子二菩萨布局何时出现的问题。一佛二菩萨出现得很早，所以核心问题是二弟子何时稳定成为佛的胁侍。龙门石窟随处都是一佛二弟子二菩萨造像，似乎这是天经地义的题材。但略一检视云冈石窟，除受到龙门影响的三期洞窟外，在云冈第一、二洞窟中，完整的一佛二弟子二菩萨题材的造像组合仅见于第 6 窟，而且是在中心柱四面大龛中，后室后部大龛内虽为一字排开的造像，但尚不是对称式的一佛二弟子二菩萨（图 17-1、2、3；图 17-4、5、6）。这在龙门对云冈既有继承也有变化的情况中表现得十分清楚。

一佛二菩萨，或一佛二天王，都是早已存在的组合，但一佛二弟子在早期石窟和造像中鲜见，早就引发了

[1] 中国社会科学院考古研究所《六顶山和渤海镇——唐代渤海国的贵族墓葬与都城遗址》，中国大百科全书出版社，1997 年。

[2] 年代再晚点还有宁波保国寺等现存地面建筑。张十庆的研究令人信服地证明宁波宋代保国寺本来也是这种样式，参考张十庆《保国寺大殿复原研究（二）——关于大殿平面、空间形式及厦两头做法的探讨》，载于王贵祥主编《中国建筑史汇刊》第六辑，中国建筑工业出版社，2012 年，第 161 ～ 192 页，这就能很好地解释前廊上部有三个异常华丽的藻井，那是在前廊下举行活动时为佛像而不是为了礼拜者准备的。类似的建筑还有太原晋祠。宽大前廊的存在，就造成前檐墙和门的位置都靠后，佛像就在门口了，自然也就不便进去礼佛了。

图 17-1、2、3　云冈第 6 窟中心柱西面大龛，采自《云冈石窟全集》第 3 卷第 56 ～ 57、60、61 页

有关学者的注意，如阎文儒、宿白、温玉成、张宝玺、孟宪实都发表过重要的意见。阎文儒勾勒了弟子出现的宏观过程[1]。宿白、温玉成集中利用石窟资料，指出一佛二弟子像在龙门的存在和大致时间序列[2]。三位学者的观点其实没有本质差异。张宝玺和孟宪实都发表了新颖的看法。张宝玺认为一佛二弟子组合在云冈已经出现，证据便是云冈第 6 窟[3]。孟宪实着力维护宿白、温玉成的观点，认为一佛二弟子始见于龙门，并指出一佛二弟子的文献来源在于《魏书·释老志》，图像来源则是洛阳国子学堂中有孔子和胁侍颜渊、子路像的存在[4]。2024 年 3 月 28 日召开的云冈石窟第 6 窟座谈会上，八

图 17-4、5　云冈第 6 窟后室后部大龛，采自《云冈石窟全集》第 4 卷第 11 ～ 13 页

木春生、于向东又发表了意见。八木系统搜集了云冈相关材料，指出很多材料在细节上的差异，特别指出云冈第 18 窟十大弟子中有带肉髻的弟子，这是一个很重要的现象。于向东既对有关材料进行了仔细分析，并有比较明确的看法，值得略加详细介绍。于向东将云冈弟子像分为非胁侍类和胁侍类，并划分为萌芽、形成和发展

图 18-1、2、3　金塔寺东窟中心柱下层背面造像，采自《金塔寺石窟》第 85、88、89 页 　　图 18-4　乌兹别克斯坦老铁尔梅兹法雅兹铁佩佛寺出土一佛二弟子尖拱龛式塑像（图片来自网络）

[1] 阎文儒《中国石窟艺术总论》第三章《汉至南北朝的佛教艺术》第三节《南北朝中晚期佛教造像》，有"胁侍弟子像"专题，广西师范大学出版社，2003 年，第 132 ～ 136 页。
[2] 宿白《洛阳地区北朝石窟的初步考察》，载于《中国石窟·龙门石窟》第一卷，第 225 ～ 239 页。
[3] 张宝玺《龙门北魏石窟二弟子造像的定型化》，载于龙门石窟研究院编《龙门石窟一千五百周年国际学术讨论会论文集》，文物出版社，1996 年，第 23 ～ 25 页。
[4] 孟宪实《论佛教造像中"一佛二弟子"模式的诞生》，《美术研究》2020 年第 5 期，第 16 ～ 22 页。

几个阶段，认为云冈第6窟中强调弟子像，但不一定以对称形式出现，最后讨论了弟子像在云冈受到重视的原因，并指出龙门石窟有云冈既有继承又有发展。于向东最终认可张宝玺之说合理。

以上学者的讨论各有其价值与意义，这里想再补充的有两点：

其一，二弟子跻身一铺造像之中，并成为稳定组合的构成部分，确实是在龙门石窟中定型的，但这不妨碍在龙门石窟之前已经存在一佛二弟子，这不仅有云冈第6窟中心柱四面大龛可资证明，国内资料还有金塔寺东窟中心柱背面下层造像（图18-1、2、3），其大龛外侧可以肯定是二弟子，金塔寺石窟的年代不仅早于龙门，而且要早于云冈。国外资料则有乌兹别克斯坦老铁尔梅兹法雅兹铁佩佛寺出土的一佛二弟子尖拱龛式塑像（图18-4），根据犍陀罗造像的研究成果，这个尖拱龛的年代当不晚于四世纪前后，要早于云冈和龙门石窟。域外资料还可以举白沙瓦博物馆收藏的编号1886的一件佛塔装饰板，虽然有破损，但坐佛两侧二祖右者为弟子无疑（图19）。这件装饰板的犍陀罗风格也很典型，其年代也不能晚于4世纪前后。犍陀罗地区有看似三佛的尖拱龛，有可能也是一佛二弟子（当然也可能是三佛）（图20）。云冈石窟有很多特殊之处，如马蹄形的洞窟平面、巨大无比的主尊佛像等都具有很强的独创性，但云冈与犍陀罗艺术的关系极其密切是毋庸

图19 白沙瓦博物馆收藏编号1886佛塔装饰板

图20 塔克西拉博物馆一佛二弟子（或三佛）尖拱龛

置疑的，因此二弟子像出现在云冈第6窟中心柱下层大龛中也是可以理解的，而不必将二弟子出现的时间一定推迟到龙门石窟兴起的北魏洛阳时代[1]。这个理解也不妨碍一佛二弟子组合在洛阳时代的普及，或许北魏国子学堂中有孔子与颜渊、子路像组合的存在对此有所推动。不过，石窟造像的复制性很强，宾阳中洞作为帝王窟，为其他洞窟所效仿很正常。

其二，尽管一佛二弟子组合是否与北魏国子学堂中孔子与颜渊、子路像有关难以肯定，但孟宪实推测中隐含着对中国式殿堂内部偶像陈列方式的考虑，这是值得重视的。一佛二弟子不只是一个题材问题，更是与建筑形式相关的问题。中国古代建筑的基本特点是面阔大于进深，中国古代建筑之间和建筑内部空间都讲求对称布局，后世佛殿如五台山佛光寺东大殿内部的造像布局形式是长期演化的结果，此前经历了萌芽和发展过程。从

---

[1] 用石窟研究当时的佛教情况其实有不少局限性。石窟本质上是对地面寺院的模仿，是二手的并非一手的资料。与当时地面寺院相比，石窟的数量是极为稀少的，而且这些稀少的石窟材料保存状况也多不尽如人意。在学术上，正常的理路是从石窟反推当时地面寺院情况，其捉襟见肘、无法自圆之处触目皆是，是必然的和需要正视的。因此，学术研究所做的其实是尽可能圆融、尽可能留有余地而已。

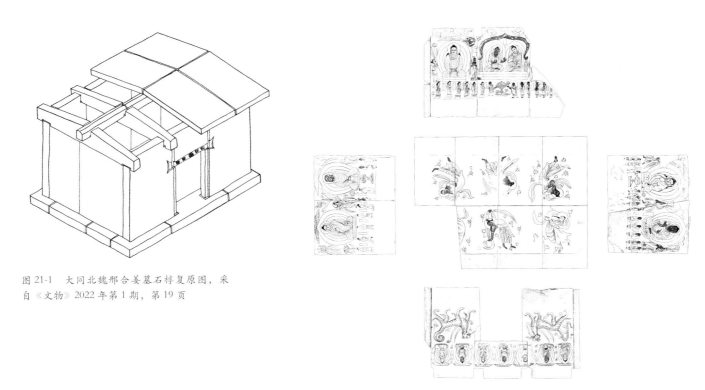

图 21-1　大同北魏邢合姜墓石椁复原图，采
自《文物》2022 年第 1 期，第 19 页

图 21-2　大同北魏邢合姜墓石椁壁画配置图，采自《文物》2022 年第 1 期，第 26 页

现在印度寺院和石窟材料看，印度没有中国式佛殿，如何安排佛与胁侍这个问题不像中国这么突出。如何将印度式佛殿改造为中国式佛殿一定是一个漫长的过程，造像题材和组合受到的影响将在所难免。从这个角度来看待云冈第 6 窟后室后壁大龛内造像的不对称分布就没有那么难以理解了，这个造像不对称分布情况正好可以视为向对称布局发展过程中的一环。其实第 6 窟后室后壁大龛的一佛二菩萨还是对称分布的，只是其他人物形象不对称，但这些人物个体都比较小，既不妨碍总体对称的大局，可能时人也未必如后人那般讲求对称，而且不对称的形式在印度也很常见。那么，如何理解第 6 窟中心柱下层四面大龛内外造像状况与第 6 窟后室后壁大龛的差异？这可以理解为北魏平城时代佛殿内部造像题材和布局还没有统一所致。云冈窟顶印度式寺院的存在，正可以作为这个现象的注脚，在当时平城一定存在着不同形式的寺院和佛殿。如果大同北魏邢合姜墓石椁的确如部分学者认为是对佛殿的模仿（图 21-1；图 21-2），那么，这具石椁壁画题材和布局情况与目前所见石窟均不同，也可说明佛殿内部造像题材和组合方式的多样性，要达到切实理解还有待时日。

据上可知，云冈石窟所在的北魏平城时代还是犍陀罗与汉文化相互磨合的时期，因而佛殿内部结构和造像题材组合呈现出多种多样的形式。这个磨合过程到北魏洛阳时代就基本完成了，其结果就是汉式殿堂内部普遍出现佛坛和对称式造像题材组合的普遍流行，弟子像则是这个时期最引人瞩目的现象之一，这就几乎完全摆脱了印度影响而造就了中国特色。

四、题记方面

龙门石窟有很多题记，在云冈因素浓厚的古阳洞中就有龙门二十品的十九品。这是很不同于云冈的现象。云冈石窟中题记非常少，在一、二期大窟中，第 11 窟的"太和七年"题记非常显眼。云冈大窟内部基本没有题记，只在 7、8 窟等双窟外部有大碑[1]，这与一般家庭或个人为中心的题记显然不同。龙门和云冈的差异说明了什么问题？

---

[1] 戴恬给予了有益的提示。

这说明龙门石窟的性质比云冈石窟复杂起来了。龙门宾阳三洞只在宾阳南洞外壁有被唐代磨平的碑形浮雕，这与云冈第一、二期大窟相似，说明它们都是皇家乃至帝王窟，这样的洞窟是不需要题记的。还说明云冈第一、二期，包括王公贵族在内的人基本是没有资格造窟的，虽然他们很想造（云冈第 11 窟可资说明）。与云冈相似的是，龙门宾阳三洞孤处于西山北部，与其他北魏窟距离较远，还是在显示皇家乃至帝王窟的独尊。

古阳洞包含很多龛（莲花洞与此相似），龛主身份多很高，他们集聚在一个洞窟之中，表明古阳洞的营造一定是有某个或某几个位置很高之人主持的。古阳洞最初的营造很有可能也为皇帝所知，并得到允许，但他们所造之窟的动机和目的与皇家或帝王窟不完全一样。

现有龙门北魏洞窟的功德主身份普遍较高，不像唐以后石窟功德主普通人很多，也不像造像碑、背屏式造像那样由很多普通人建造，这可能暗示龙门在北魏还是个禁区。虽然向王公贵族开放了造窟权，但普通人仍然没有资格。

还有一个值得注意的现象是，北魏王公贵族起初在龙门造像主要利用的是天然洞窟如古阳洞、莲花洞、火烧洞等，规模从面积 1 平方米左右的佛龛发展成为面阔、进深都达数米的大窟，这说明王公贵族起初在龙门还没有获得完整的"造窟权"，这与后来规模甚大、布局完整的皇甫公窟等洞窟有所不同。像皇甫公窟这样的大窟是王公贵族具有完整"造窟权"的标志。皇甫公窟外壁有一通石碑，情况与宾阳南洞相似，是皇甫氏作为胡太后母舅、太尉公特殊地位的说明，但此窟仍然只能与路洞等聚类而居，进一步反衬出宾阳三洞作为皇家或帝王窟的独尊性。

五、进一步的讨论

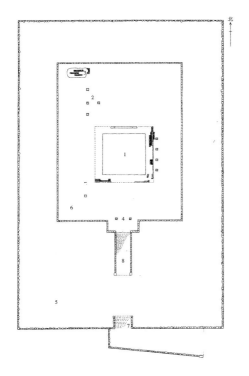

图 22 大同方山北魏思远灵图（编号 3 为僧房），采自《文物》2007 年第 4 期，第 7 页

从平城到洛阳，北魏社会发生了剧烈的变化，封建化或汉化是主要的历史趋势。从云冈到龙门，石窟艺术也发生了较大的变化，汉化现象也是其中很重要的一个方面，尤其是在石窟形制方面表现得较为突出，那就是汉式佛殿和象征汉式佛殿的帷帐所占比例飙升。虽然从早就发生的舍宅为寺等记载可知，汉式佛殿一定早已出现，但无论是从云冈一、二期石窟来看，还是从大同方山永固陵思远佛寺遗址[1]来看（图 22），平城时代很有可能主要流行的是印度式的即以塔为中心的寺院。而且，平城寺名如三级大寺、五级大寺以及思远浮图等均以塔而得名，与洛阳时代的寺名如永宁寺等不同，也暗示寺院可能以塔为中心。关于北魏洛阳永宁寺，《洛阳伽蓝记》卷一明确记载"浮图北有佛殿一所，形如太极殿，中有丈八金像一躯，中长金像十躯、绣珠像三躯、金织成像五躯、玉像二躯，作工奇巧，冠于当世。僧房楼观，一千余间，雕梁粉壁，青琐绮疏，难得而言。"永宁寺虽经发掘，但面积有限，保存状况也不佳。不过，从《洛阳伽蓝记》的记载来看，这完全是一座新建之寺，佛殿在其中具有重要地位，完全可以与永宁寺塔匹配，这样的寺院不太可能是

---

[1] 大同市博物馆《大同北魏方山永固陵思远佛寺遗址发掘报告》，《文物》2007 年 4 期，第 4 ~ 26 页。云冈窟顶寺院是比较标准的印度式寺院，但因其在云冈石窟附近，不如寺院佛寺遗址更能说明北魏平城时代佛寺的一般情况。

图23 中间有佛塔的米兰3号寺院，采自 M. A. Stein: *Serindia: Detailed report of Explorations in Central Asia and Westernmost China, Carried out and Described under the Orders of H. M. India Government*, Vol. 1, Oxford: Clarendon Press, 1921, p.486

印度式寺院。佛殿中的丈八金像究竟有多高大虽不可知，但多半不会小于留存至今的山东博兴兴国寺丈八佛，此佛连座通高 7.1 米，则永宁寺佛殿之高大雄伟令人瞠目。这样大的佛像，以及其他中长金像等济济一堂，在佛殿中或外檐下礼佛一定是最重要的法事活动[1]。《洛阳伽蓝记》还记载了很多其他寺院，有佛塔者为少数，多数寺院都以讲殿僧房为主，其中"正始寺"是百官在正始年间所建之寺，也是一座新建寺，"众僧房前，高林对牖，青松绿樱，连枝交映。"[2] 这些文字所反映的似乎都不是印度式寺院情况。因此，北魏洛阳时代的佛寺与平城时代相比一定产生了很大变化，这不能不反映到石窟方面来。作为北魏平城时代代表的云冈石窟，在中国石窟发展史上的地位，通过与龙门石窟的对比，可以看得更清楚一些。

以此回溯，汉式佛殿或佛殿形龛的发展，一定意味着印度式或西域式寺院或石窟的衰退。具体而言，最初对中国东部地区影响最大的是在西域十分常见的回字形寺院[3]。这种寺院起源于犍陀罗地区，以方形空间中安置一佛塔为特征，是很常见的寺院形式，直接影响到中国新疆地区，特别是丝路南道的和田、民丰、米兰等地多见。米兰回字形佛寺中间还有佛塔的例子（图23），与犍陀罗地区的相似度更高。不过，更多的是内外两圈都呈方形的佛寺。这种佛寺向东传播，可能造成两种情况，一种是如天梯山、文殊山、马蹄寺、金塔寺石窟，更多的是如敦煌莫高窟常见的有方形中心柱的后室，云冈第6窟后室也属于此类；一种可能是如宾阳中洞所见方形佛殿窟，这是将中心柱去掉的结果，后来又可能受到后壁通坛的影响而发展为三壁三坛。后壁通坛的方形窟更接近后代所见佛殿，二者的关系因此更容易引起注意。从北魏平城时代早期开始，墓室壁画如大同沙岭7号墓后壁壁画就是夫妇并坐于帷帐中的形象（图24），这种样式在后来的北朝中后期一直流行，也有力地说明后壁通坛可能是对现实建筑内部礼仪空间的模仿。

[1] 佛殿内部还是前檐下礼佛不仅与祭祀传统和方式有关，也与祭祀或礼佛者身份有关系。帝王等身份极尊人物，他们作为大祭司的身份在后代并没有完全丧失，可能在礼佛等活动时重新体现出来，因而完全有可能入殿礼佛。
[2] （北魏）杨衒之撰、范祥雍校注《洛阳伽蓝记校注》卷二，上海古籍出版社，1978年，第99页。
[3] 参见陈晓露《西域回字形佛寺源流考》，《考古》2010年第11期，第79～90页。其实这种佛寺视为一个佛殿可能更合适，这与通常将数座组合到一起的单体建筑视为寺院不一样。由于相关考古材料中已基本都将这种单室的回字形的建筑称之为回字形寺院，这里沿用传统表述方式。

图 24 大同沙岭 7 号北魏墓后壁壁画，采自《文物》2006 年第 10 期，第 19 页

图 25 古亚述穹窿顶建筑，采自《外国建筑历史图说》第 16 页

　　三壁三佛或三壁三坛窟以往也被认为是对佛殿的模仿，如宿白先生在对龙门北朝龛窟的研究中早就如此认为 [1]，但现实建筑中是否有这种形式的佛殿并无资料可以引证。比较欣慰的是，近年发现的大同北魏邢合姜墓房形石椁左右后三壁皆绘有佛像，有学者将石椁直接认定为佛殿，依此类推，或可将此种佛像布置方式是三壁三佛或三壁三坛关联起来。还可以注意的是，宾阳三洞尚为穹窿形顶，尚保留方形平面半球形顶建筑的特征，如果将其想象成一个独立的建筑，那就是一个方形单层佛塔。这种形状的建筑在亚述时代已经出现（图 25），在古罗马帝国时代发扬光大，对各地产生很大影响，犍陀罗地区佛寺中不乏这类佛塔，中亚地区世俗建筑中可能也有。两地都可能将这种建筑样式传入中国，只是今天看到的资料多与佛教相关而已。这种样式的建筑在中国南北方都可以见到，只是年代较早的还是南京栖霞山石窟和龙门石窟。龙门石窟中的宾阳三洞（参见图 1）、上文提到的后壁为通坛的北魏窟，以及火烧洞、莲花洞等，基本都是穹窿形顶，可以说是龙门北魏窟最常见的窟顶形式。龙门这种顶式是直接从域外或西域而来是可能的，如龙门莲花洞北壁第 92 龛就是一个半球形顶单层方塔。是向南京栖霞山石窟学习的结果也完全可能，这种顶式在南京栖霞山石窟多见，龙门石窟从细节到背景上与栖霞山石窟关系非常密切。而与云冈石窟相比，这种顶式在龙门的出现比较突然。不论来源如何，穹窿顶式洞窟与汉式佛殿还是有一定差异。不过，在平城到洛阳的交通线，特别是晋东南地区的高平羊头山、榆社圆子山等石窟中有很多覆斗形顶或尖锥形顶的三壁三坛窟（图 26），它们始开年代略晚于北魏迁洛，但从面貌上看，多是龙门石窟向北影响的产物。因此，将宾阳三洞等窟称之为佛殿窟并无多大不妥。但更需要注意的是从云冈的阙如，到龙门的穹窿顶，再

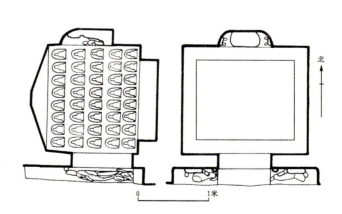

图 26 高平羊头山 B 区第 2 窟的覆斗形顶及三壁三坛，张庆捷编号，采自《考古学报》2000 年第 1 期，第 66 页

[1] 依宿白先生文意，是指汉式佛殿，而不是其他类型的佛殿，否则就没有意义了。而且，印度中亚和中国新疆也没有汉式佛殿。

到晋东南的覆斗顶，粗略可以连成一条演化线路，展示了穹窿顶单层方形建筑（佛塔、寺院、石窟都可以采用这个形式）传入中国和被改造成汉式佛殿的过程，也说明将宾阳三洞等称之为佛殿虽不很精确，但仍属可以接受。

也就是说，后壁通坛的洞窟和三壁三佛或三壁三坛的洞窟都可以称之为佛殿窟，但来源和性质其实是不一样的，前者与汉式建筑、后者与西域乃至印度寺院的关系更密切，两者都对西域或印度寺院进行了改造。后壁通坛窟的中国特色很强了，本质上是不允许进入的；三壁三佛或三壁三坛的印度或西域性质更强，本质上是要求进入的。北朝时期是两类石窟发生和初步发展的阶段，云冈和龙门石窟就集中展示相关过程。这个过程在隋唐时期仍在延续，最终以在洞窟内部像佛殿一样竖立起背屏和佛坛而终结，如敦煌莫高窟第55窟所见（图27），这在本质上是后壁通坛窟的胜利，也就是佛教石窟被完全改造成汉式佛殿了。这个过程很长，云冈、龙门石窟是早期阶段，但变化已较大、情况已较复杂，二处石窟必须合而观之，才能对相关过程有较准确全面的理解。

于此就比较容易理解龙门石窟中一个中心柱窟也没有，这是与洞窟外形仿佛殿、佛殿形龛、佛帐越来越多见同时并存的现象。这与云冈石窟很不一样。云冈有好几座中心柱窟，如果将昙曜五窟和第5窟视为绕大佛的中心柱窟，那么云冈一、二期洞窟中中心柱窟就超过一半了。就此可推导的是，云冈还很好地固守着石窟的本意，即礼拜窟中必有象征佛塔的中心柱，而龙门已转变为以中国式佛殿为主要礼佛场所了。龙门路洞刻画的成组佛殿建筑或许是对此情况的直接表达。为什么龙门基本是汉式佛殿的天下？这又让人不得不将此与北魏洛阳几乎全面接受南朝文化联系起来。南朝木构建筑相对发达，又不像北方可以直接或间接地得到中亚或犍陀罗佛教的影响，汉式佛殿在寺院中的重要性要更强，这影响到北魏洛阳是意料中事。南京栖霞山石窟数量虽不多，但很珍贵，下022窟和下024窟弟子与佛像都在坛上，下022窟和下019窟菩萨在坛外的高莲花座上，这个样式可能更接近地面佛殿内部的实际，龙门石窟后壁通坛可能已距离本意较远，或者融合了本地特色。

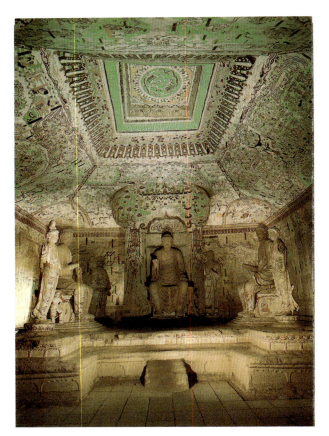

图27 敦煌莫高窟第55窟内部情形，采自《中国石窟·敦煌莫高窟（五）》第87页

南方入殿观像也有资料可作辅证，那即是戴逵隐藏于帷帐后听观者的评论，如果观者不进入佛殿，他们在殿外评论的声音大概戴逵是听不清楚的。总之，南朝对洛阳的影响可能需要更中肯而细致的评估。不管如何，龙门石窟中越来越多的佛殿形窟龛体现了洛阳作为首都的先进性，这对理解巩县石窟中存在中心柱也有帮助。巩县的地理位置不如龙门，窟主身份也不如龙门，可能因此造成中心柱窟继续被使用。

总之，石窟是复杂的文化体。石窟的面貌主要由两个方面构成，从可直接观察到的部分来看，包括形制、造像题材布局等基本方面；从相关联的方面来看，窟主身份、社会发展阶段、佛教思想潮流是主要因素。就从云冈到龙门发生的变化而言，汉化是变化的原则，洞窟形制的汉式宫殿化、尊像和礼佛方式的汉式祠庙化是变化的核心内容。在云冈向龙门转变的过程中，南朝的影响则须臾不可忘记。以上各种"因缘"的生灭消长，自觉不自觉地造成了从云冈到龙门的斗转星移，造就了中国石窟发展脉络中至关重要的段落。

"北魏平城与云冈石窟艺术"学术座谈会纪要

内容整理/高雅（深圳博物馆学术研究部）

图 1 "北魏平城与云冈石窟艺术"学术座谈会与会代表合影

　　为深入探讨"文明丽迹——北魏平城与云冈石窟艺术"特展的社会意义与学术价值，加强我馆与各高校、文博单位的合作交流，2024年5月11日，"北魏平城与云冈石窟艺术"学术座谈会在深圳博物馆历史民俗馆举办。来自浙江大学、中山大学、四川大学、暨南大学、云冈研究院、大同市考古研究所、麦积山石窟艺术研究所、广州市文物考古研究院、深圳市文物考古鉴定所、深圳市博物馆协会和我馆的专家学者出席并发言（图1）。

　　我馆黄琛馆长为活动开幕致辞，郭学雷研究馆员主持开幕式及第一场主题报告（图2、图3）。黄琛馆长表示，中国佛教艺术是中国传统文化的重要组成部分，深圳博物馆较早开始策划举办佛教艺术系列专题展览，其中不乏开创性的精品展览，在业内备受关注，2020～2023年连续推出龙门石窟、敦煌石窟、云冈石窟重磅展览，掀起参观热潮；希望通过本次会议总结反馈展览的丰硕成果，探讨分享展览相关的学术研究，共商弘扬中华优秀传统文化的"策展之道"。

图2　深圳博物馆馆长黄琛研究馆员开幕致辞　　　　　　图3　深圳博物馆郭学雷研究馆员主持会议

正式报告开始之前，首先由策展人刘绎一博士汇报展览概况。策展人回顾了展览筹备的历程、介绍了公众反馈情况，并总结了此次展览的几大特色，包括云冈展和犍陀罗展的联动、沉浸式参观的展陈设计、多种数字化知识服务的开发应用、面向不同人群的社教活动等，最后用"学术性""沉浸式""在地化和多元化"几个关键词概括了展览的策划和实施理念（图4）。

图4　深圳博物馆学术研究部刘绎一博士汇报展览概况

中山大学姚崇新教授
《杭州飞来峰传法取经浮雕再考察》

关于杭州飞来峰传法取经浮雕，既往研究主要集中于题材和年代的考证但看法不一。关于题材，一种观点认为是《白马驮经图》和《玄奘取经图》或《西游记图》，另一种观点认为是《白马驮经图》《朱士行取经图》和《玄奘取经图》；关于年代，一种观点是宋代，另一种观点是元代。

姚崇新教授认为，题材应是《摄竺传法图》和《玄奘取经图》形成的一个组合造像；年代则是元代。姚崇新教授首先展开对题材的论述，提出题材问题由造像自身提供的信息可以解决。杭州飞来峰传法

图5　中山大学姚崇新教授主题报告

取经浮雕的内容包括两部分：一部分为摄摩腾、竺法兰传法图像，另一部分为唐僧取经图像。谈及"朱八戒"三字是否为原刻的问题，姚崇新教授认为"朱八戒"三字系原刻。一方面因为，从笔迹看三字书法风格一致；另一方面，"八戒"二字与"朱"处于同一个平面，看不出"八戒"二字所在的壁面有进一步打磨的痕迹。此外，因为浮雕中的僧人皆着僧装，且有头光，因此，若"朱八戒"为"朱士行"改刻，朱士行也当着僧装，但无论是牵马者或立于马侧者，都非僧装。这也反映了"朱八戒"三字应是原刻。确定了"朱八戒"三字系原刻，题材问题迎刃而解了。

关于年代，姚崇新教授认为其年代应为元代，因为从现存唐三藏取经故事文本看，朱八戒的出现在元代以

后，并且，迄今为止尚未发现元以前四人组合，多为一主一仆二人加一马组合，偶有三人组合者；另外，飞来峰造像纪年绝大多数为元代，造像风格呈汉式，且近宋代造像，应是元代杭州当地汉人对宋代风格的因袭，这在飞来峰元代造像中比较多见。因此这两铺传法、取经图像当系当地汉人所造，而且是统一布局，同时雕造的，二者形成组合关系。

姚崇新教授进一步对造像的动机提出了推测，"这不是单纯的取经图，包括了传法与取经两层意思，而且这样的组合仅见于此例。可能是针对元代藏传佛教在江南的推行，汉人从佛教传播史角度宣示汉传佛教的正统性"。

最后姚崇新教授提到杭州飞来峰传法取经浮雕对于《唐三藏取经图像》的图像学研究的意义在于，其是《唐三藏取经图像》演进的中间环节和过渡形态。《唐三藏取经图像》的演进从两宋时期的早期阶段，即一主一仆二人加一马，偶见一主二仆三人加一马。经历元代前期的过渡阶段，即飞来峰一主三仆四人加二马。到元代后期的定型阶段，即一主三仆四人加一马（图5）。

浙江大学文化遗产研究院副院长李志荣教授
《云冈第 12 窟 3D 复制的时代意义——石窟寺数字化核心目标的再思考》

云冈石窟作为不可移动的文物，考古记录和测绘一度是十分困难的，尤其是在数字时代之前。2017 年 12 月 16 日，云冈第 3 窟西后室在青岛西海岸新区的青岛城市传媒广场复制再造成功，标志着中国文物数字化技术对文物的记录达到可复原水平，从此石窟寺数字化开启其从田野到展览的"活化"之路，进入可实施大规模 3D 复制的阶段。

云冈第 12 窟 3D 复制是浙江大学文化遗产研究院与云冈研究院、美科图像（深圳）有限公司继云冈第 3 窟西后室定点原真复制之后合作攻关完成的第一个积木式可移动原真复制窟。关于云

图 6　浙江大学文化遗产研究院副院长李志荣教授主题报告

冈第 12 窟复制窟的制作的重要时间节点包括：一、2016 年 8 月 25 日开始数据采集；二、2018 年 6 月 14 日～2019 年 3 月完成打印；三、2019 年 3 月～10 月完成上色；四、2019 年 11 月，云冈第 12 窟成为世界首例 3D 打印复制的"积木式"大型石窟文物，是可快速拆装运输、支持行走世界进行巡展的大型数字展品。

云冈第 12 窟复制窟的数据采集工作自 2016 年 8 月 25 日开始至 10 月 15 日结束，采集数据 3.6TB，有效图像超 5 万张，数据量庞大。同时，制作团队还对积木式拆分的拆分方式进行了深入的考量，在不影响龛形组合的前提下将其分割。

2019 年 3 月，云冈石窟研究院启动了对云冈石窟第 12 窟 3D 打印作品的彩绘复制工程。此项目面积达 920 平方米，全部由摹复团队手绘完成，是目前世界第一例可移动 3D 打印复制洞窟上色工程。关于云冈第 12 窟复制窟和原窟色彩上的细微区别，李志荣教授解释道，因为云冈石窟靠近煤矿，受其影响颜色暗淡了些，于是在装绘中融入了复原的思路，将色彩提亮了一度。

云冈第 12 窟 3D 复制窟制作完成后开始了其"行走世界"的旅行，自 2019 年 11 月复制结项算起已经进入第五年，曾辗转五个城市参加过重大展览：一、2020 年 6 月，在浙江大学艺术与考古博物馆展出；二、2020 年 9 月 28 日，"云冈石窟行走世界"在浙江大学启航；三、2020 年 12 月，在上海宝龙艺术馆展览；四、2023

年 7 月，利用其可拆分的积木特点，第一次被同时利用和展示在浙江大学文科实验室和宁波美术馆；五、2023 年 12 月，在深圳博物馆展出。

云冈第 12 窟 3D 复制窟的成功，是因为数字化工作中坚持了考古的立场、考古的在场以及考古的标准。石窟寺复制的成功，实现了不同石窟在同一时空之间的对话，是非常不可思议的。在数字化已然成为文化遗产领域全方位工作基础底座的学术背景下，能够支持原真 3D 打印的考古测量级别高精度模型的获得，应当成为技术进步的当前——云冈 12 窟之后又五年，所有石窟寺数字化项目的基本目标，因此也是最低要求的核心目标（图 6）。

四川大学艺术学院常青教授
《云冈一期造像样式来源问题》

云冈一期造像按照宿白先生的分期，主要是 16 ～ 20 窟的昙曜五窟，修造于 5 世纪中期，主要的造像组合为三世佛。常青教授分别简述云冈一期不同窟内坐佛、立佛与飞天的造型特征，并将其与炳灵寺 169 窟的造像特征进行了对比，又将炳灵寺 169 窟的西秦壁画与大同出土北魏皇兴三年（469 年）的邢合姜石椁画做了对比，分析了二者间存在的诸多相似之处。

炳灵寺 169 窟的西秦内容早于北魏邢合姜石椁板画 49 年多，也早于云冈昙曜五窟 40 年左右。

图 7　四川大学艺术学院常青教授主题报告

因此，炳灵与平城在时间上不可能存在直接影响与继承关系。而空间上，云冈昙曜五窟为北魏皇家工程，居于整个中国北方的佛教中心地区。炳灵寺 169 窟所在的西秦国仅为十六国后期西北地区一小国，不会对其周围大国（如后秦）或次大国（如北凉）产生文化与宗教方面的影响，更谈不上在后世成为统一北方的北魏国的宗教与艺术的参考对象。常青教授表示，可能存在一个中间环节起到沟通两者的作用。

要合理地解释 169 窟和平城这两地艺术的相似性原因，还需要补充三个与空间和时间有关的环节：炳灵寺与后秦长安的关系，后秦长安与北魏平城的关系，以及后秦长安与太武帝毁佛前北魏佛教传统的关系。

首先，只有将 169 窟的西秦内容视为后秦长安的影响才较为合理，十六国后期的后秦长安是北方的政治与佛教中心，其佛教来自西域，主要继承发展着西域大乘佛教因素。在甘肃永靖炳灵寺 169 窟发现的大乘佛教题材的西秦国塑像与壁画，可看作是后秦长安影响的结果。

其次，云冈石窟的第一期工程昙曜五窟，属北魏前五位帝王的功德窟。北魏统治者能聚集如此财力与智慧来营造这项巨制，是与其在北方兼并战争中所获得的人力、物力、财力分不开的，其中来自原后秦首都长安地区的工匠与佛教神职人员应当引起我们的注意。在迁往新兴的北魏国首都的人口中，一些十六国后期闻名于世的高僧，如玄高（402 ～ 444 年）、师贤等，还有来自长安的深受鸠摩罗什影响的惠始。

最后，昙曜五窟的开凿，主要继承着太武帝毁佛前的北魏佛教传统，包括来自后秦长安的佛教传统，可从昙曜五窟造像和大同新发现的北魏石椁板上的佛画与炳灵寺 169 窟西秦塑像、壁画的相似性了解到。这种相似性体现了北魏对后秦长安佛教的继承，从而影响到了昙曜五窟的造像内容与风格（图 7）。

麦积山石窟艺术研究所所长李天铭研究员
《麦积山石窟与云冈石窟》

麦积山石窟与云冈石窟同属中国四大石窟，在中国石窟寺发展史中具有举足轻重的作用。李天铭所长首先对麦积山石窟做了简短的介绍，麦积山石窟于 2014 年被纳入世界遗产"丝绸之路：长安—天山廊道的路网"。麦积山石窟的构成是由崖面遗迹（包括洞窟及其造像、壁画、摩崖题刻等）、寺院、舍利塔等其他建筑及馆藏文物、古代文书等组成的综合体文化遗产。现存洞窟由麦积崖本体（东崖、西崖）和其东面王子洞窟区三部分组成。始建于十六国后秦时期的麦积山石窟，历经北魏、西魏、北周、隋、唐、五代、宋、元、明、清等十余个朝代的开凿和修缮，素有"东方雕塑陈列馆"的美誉。

图 8　麦积山石窟艺术研究所所长李天铭研究员主题报告

通过对比麦积山石窟和云冈石窟开窟的相关史料记载可以看到，麦积山在姚秦时期进行了较大规模的兴造，包括百余禅僧的禅观、大佛像及其窟龛，满足了当时众多的禅僧进行禅观时对大佛像等因素的需要。而云冈石窟从北魏文成帝复法启开凿之始（460 ～ 465 年），到北魏正光年间（520 ～ 525 年）终结，大致历经近 70 年之久。可见，麦积山石窟的开凿时间要早于云冈石窟，并且与河西石窟及关中佛教关系紧密，是北中国最早开凿的石窟之一，对云冈模式的建立有着一定的影响。随着北魏对北中国的统一，以及昙曜五窟所代表的云冈模式的确立，云冈石窟对于北方的石窟寺开凿产生了巨大而深刻的影响，麦积山石窟也受到了直接而长久的影响，这一影响一直持续到北魏迁都洛阳。之后，麦积山石窟便受到了以洛阳为中心的佛教艺术的影响。

麦积山北魏早期开窟的第 74、78、90、165 等窟造像中体现出与当时长安、大同云冈石窟等地佛教造像之间的密切联系。以麦积山第 78 窟为例，主佛的水波纹发髻样式在麦积山北魏佛像中罕见，而这种发髻在云冈昙曜五窟中有发现，另外 78 窟佛体态魁梧挺拔，佛装袒右披肩，轻柔贴体，阴刻细密衣纹线，衣褶边缘作波折状纹饰，背光彩绘繁缛复杂的化佛、忍冬、伎乐、火焰纹等装饰图案的做法，则与云冈第 20 窟大佛样式与风格十分接近；在整体造像特征和艺术风格上，麦积山第 74、78 窟胁侍菩萨头戴三珠宝冠这一特征，与云冈昙曜五窟中第 17 窟南壁胁侍菩萨像十分接近；麦积山第 78 窟坛基上保存有仇池镇供养人及榜题，男供养人戴鲜卑帽，这种帽子广泛见于 5 世纪中后期的石窟及墓葬文物上，如云冈石窟的供养人。此外，麦积山第二期的洞窟也受到了云冈石窟二期洞窟的一些影响，如壁面列龛、交脚菩萨与释迦多宝上下的组合等。

我国的石窟寺艺术在世界艺术史中占有重要地位，是中国古代文明之精粹，是外来佛教与传统文化的结晶。麦积山石窟和云冈石窟同为中国四大石窟之一，其间也有着千丝万缕的联系。石窟寺的历史也是一代又一代王朝的历史，留下了 1600 年来王朝更替的记忆与无数谜团，对于今天的我们研究古代政治、经济、军事、文化和宗教仍具有现实意义（图 8）。

云冈研究院历史与民族融合研究中心主任王雁卿研究员
《聚合与创新——云冈第 12 窟特征》

云冈石窟根据自然沟壑分为三个窟区（东、中、西部）。早期昙曜五窟开凿于西部窟区，之后石窟开凿转向中部窟区，第12窟就属于中部窟区。通过东部窟区的第3窟、第3-1窟目前的遗存可以推测石窟开凿的过程，首先在要开凿洞窟的崖体上先削山为壁，一般留存两端坡状的崖体，之后进行洞窟内部凿刻。根据中部窟区现存每个洞窟崖体外立壁保存情况来看，第12窟与第11窟、第13窟为同时设计并开凿的一组洞窟。与相邻的第9、10窟和13-4窟的外立壁不在同一条水平线上，可能分属于三组洞窟。

图 9 云冈研究院历史与民族融合研究中心主任王雁卿研究员主题报告

目前学界观点认为中期开凿顺序为第7、8窟——第9、10窟——第11、12、13窟——第1、2窟——第5、6窟。第11、12、13窟为同时期开凿的洞窟，虽然最后营造完成时间不等，但最初开凿完成的时间应是早于太和七年（483年），开凿时间会更早。

关于第 12 窟的洞窟特点。首先洞窟形制。第11、12、13窟形制各不相同，既沿用了早期的帐形窟，又有中心塔柱窟、佛殿窟，有印度佛教艺术的延承，也有新的创造。其中第12窟的洞窟形制与第9、10窟基本相同，平面呈长方形，平顶，前廊后室。差异在于第12窟面积略小，高度也低，并且第12窟前室南壁是四根廊柱，而9、10窟两侧则改廊柱为须弥山等装饰。

其次是壁面布局。第12窟前室的壁面布局也与第9、10窟相似，但后室壁面则与第7、8窟布局上有相近之处，包括壁面下层的夜叉列像。通过对比分析，可见第12窟前后室四壁、造像、藻井、通道、明窗等布局与造像等方面与第7、8窟、第9、10窟有相似的地方，也具有许多独自的特点。比如前室布局，第12窟和第9、10窟均以莲瓣带分层，但不像第9、10窟北壁与东西壁的莲瓣带是相连续的，第12窟则不相连。第12窟与第9、10窟的前室东西壁均凿交脚菩萨与思惟菩萨，但第12窟开间更大，处于壁面中央位置。第12窟和第9、10窟通道两侧都有力士，第12窟力士形象有变，存在打破关系。而后室的布局，第12窟和第9、10窟不同，北壁没有大像，而是交脚菩萨与二佛并坐的题材，这与第7、8窟布局上很相似，且明窗都有禅坐僧人，壁面分层布龛，顶层设计坐佛列与帷幔，下层雕刻夜叉列像。但第12窟高度不及第7、8窟，因此分层更少。因此第12窟是第7、8窟与和9、10窟因素的聚合，也有创新。另外，由于第12窟与13窟共用一堵岩体，导致上部壁面厚而下部薄，因此第12窟西壁下部雕刻造像未完成及部分内容改变。

第三部分讨论了第12窟的装饰，将第12窟廊柱的花纹带、塔柱与承花（受花）、柱头、柱基等装饰与第7、8窟、第9、10窟以及墓葬出土文物进行对比，有许多的相似性。

第四部分讨论人物，主要谈及第12窟前室东壁降魔成道的魔王，头戴尖顶帽，外罩甲衣。云冈石窟的尖顶帽造像样式理念上与一直以来流行于中西亚、西域的高尖帽具神性和高贵性的文化意义有着一脉相承之意，在形式上可能是受到秣菟罗头戴尖顶帽的贵族石像的影响。甲衣目前还不见于平城考古发现中，与炳灵寺西秦时期的第169窟、金塔寺石窟、敦煌石窟、龟兹石窟天王力士像等相近，甲衣的样式应是受到西域影响。

第五部分关于第12窟的独特性。一是带有光云的佛龛龛形以及飞天和供养天拱卫的佛龛；二是独特的装饰，如龟背形忍冬纹、桃形忍冬纹、葡萄纹、波斯的兽形柱头饰、龙与护法等；三是阁楼式屋檐塔出现及窟门两侧中西亚式塔以及几何阶梯状城堞饰的受花；四是商人奉食中出现的胡商；五是阿输迦施土缘中出现的三个小孩，其发饰和衣物都很特别，显示其与中西亚文化联系颇为紧密。

最后王雁卿主任总结了第 12 窟中护国思想的体现，第 12 窟洞窟建筑及壁面上的屋形龛蕴含着弥勒宫殿。弥勒菩萨和弥勒佛，是信众崇拜弥勒和往生兜率天宫的追求，另一方面也是现世统治者鲜卑皇帝诚心信佛，追求做转轮圣王的梦想。转轮圣王思想和弥勒信仰有着千丝万缕的联系。洞窟同时配置佛传中降伏三迦叶、降魔成道等故事，排拨群邪，开演正觉。而定光佛授记、四天王奉钵、初转法轮都具有护法护国思想，包括盝形龛帷幔的兽面也具护法意义。后室的商人奉蜜等故事是现实人物在佛传故事中的社会现象。既突出弥勒信仰，即转轮圣王的思想，又加强护法、降魔伏外道，体现更多的政治性，更多的现实性（图 9）。

云冈研究院云冈石窟博物馆馆长赵昆雨研究员
《云冈第 12 窟梵天劝请故事图考释——兼谈商主奉食、四天王奉钵图变式》

云冈第 12 窟复制窟作为本次展览的重要展示部分，赵昆雨馆长就第 12 窟展开讨论。

首先是关于第 12 窟的开凿时间，第 12 窟属云冈中期（471～494 年），但在具体开凿时间上，不同学者持有不同的观点，赵昆雨馆长认为其营凿时间理应在太和七年之前，至于该窟何时竣工，那是另外的话题了。

第 12 窟一直因为其丰富的音乐题材而备受关注，但其实，第 12 窟佛经故事图的分布与内容也同样值得细说。第 12 窟现存佛经故事图 15

图 10　云冈研究院云冈石窟博物馆馆长赵昆雨研究员主题报告

幅，多为值遇、供养诸佛的题材，应是希望求得佛的授记，以期在未来世能有好的果报。佛经故事图均作单幅式构图，主要集中于前室，前室 13 幅，后室 2 幅，还有 4 幅题材内容尚未考明。前室南壁第 4 幅，此前题材不明，由画面中人物造型及布局，尤其梵志合掌跪礼之细节判别，赵昆雨馆长认为其应是表现梵天劝请的佛传题材。

赵昆雨馆长分析了第 12 窟梵天劝请故事构图中来自犍陀罗样式的影响。梵天劝请故事图是犍陀罗佛教美术初期最常见的佛传题材，犍陀罗北部斯瓦特地区公元前后的布特卡拉佛教遗址中就发现数例。云冈第 12 窟梵天劝请故事构图中梵天以清瘦的修行者形象表现，居佛右侧，他身旁另一人代表的是梵天众。画面左侧胡人相的帝释天，头发卷曲，身体健壮，伴其身后的是他化自在天的天子。通过与犍陀罗的构图样式对比，从二者相似的构图能明显看出第 12 窟中来自犍陀罗样式的影响。在云冈第 7 窟西壁第三层北龛内雕一坐佛，两侧各一菩萨装人物的雕刻，过去研究认为这可能是"为长者之子耶舍说法"，赵昆雨馆长认为此可推断为"梵天劝请"，两侧戴冠人物分别是帝释天与目犍连，应是依据《增一阿含经·卷 10·劝请品》雕凿。东壁第三层北龛对应位置亦为圆拱龛，应属同一故事最先发生的梵天来劝的内容，东西壁二龛内容合起来就是对《增一阿含经·劝请品》的完美演绎。

此外，商主奉食、四天王奉钵是犍陀罗地区常见的佛传故事题材，二者近乎紧绑式的构图模式一直影响到新疆地区，包括云冈较早的第 8 窟也受其染濡。云冈第 6 窟南壁故事龛下层两侧各长跪 3 身捧钵供养菩萨，赵昆雨馆长分析认为其构图可能与现藏巴基斯坦白沙瓦博物馆的一件 2～3 世纪的四天王奉钵图类似，是将商主奉食与四天王献钵放在一幅画面中表现，实际上是犍陀罗该题材造像传统之脉承。但是，第 12 窟后室"商主奉食"故事图脱离"四天王奉钵"而单独表现，这在云冈首见，画面中增添了胡商队元素，其创作灵感或来源于当时通过丝路东来贩易的粟特人商队。与其对称的第 12 窟后室南壁西侧，从画面看也以"供养"为主题，供养众均穿鲜卑俗装，身份更具体，他们"似乎意在希望像提谓、波利一样值遇、供养佛陀"。云冈自第 12 窟之后，再没有看到四天王奉钵题材，商主奉食故事图则另见于第 17、16-1、37 窟西壁，构图呈模式化，通常都是在龛外两侧雕刻头戴尖顶帽的胡商与驼、马商队（图 10）。

深圳博物馆学术研究部主任黄阳兴研究员
《犍陀罗的影子——云冈石窟出土相关文物与中西交流札记》

云冈石窟是北魏时期中西文明交流的经典皇家石窟寺遗址之一，深受犍陀罗艺术向东传播的影响。近年来，云冈石窟区域如窟前遗址、山顶寺院遗址等都出土了丰富的佛教文物。黄阳兴研究员分别围绕"妙兴西北方主"莲瓣纹石盒、双面造像、塔刹相轮、朱业微石造像等展品展开讨论，分析其与犍陀罗艺术之间可能存在的渊源关系，也为今后的文物利用提供更多思考。

展览的序厅展示了 5 世纪欧亚大陆的局势情况，目的是希望观众能够建立在全球史的立场上看中国文化发展的脉络。展览展示了这一时期中

图 11　深圳博物馆学术研究部主任黄阳兴研究员主题报告

国、南亚、中亚、西亚及地中海的重要王朝历史、事件、艺术形式等。在 4 ～ 5 世纪这一时期，世界历史发生了一个重要的转向，北方的草原民族开始南下，包括拓跋鲜卑民族，也顺应这样的趋势。这一时期，东西文化的交往十分频繁，佛教在亚洲的文明交往中占据了重要地位，所以，中国在接受佛教的过程中，和世界文化也是紧密相连的。

"妙兴西北方主"莲瓣纹石盒以前被称为石钵，黄阳兴研究员则认为莲瓣纹石盒可被视为舍利容器。据山西晚报 2022 年 12 月《云冈莲花石钵：文化融合，妙华其德》"西北方主"指十方世界中西北方的华德佛，其佛国名"众音"。黄阳兴研究员认为这似乎还缺少一些实物和理论依据，若将莲瓣纹石盒与其他佛钵对比，能够明显看出二者无法对应。而与莲瓣纹石盒能够对应的，更多的是一些舍利容器，黄阳兴研究员认为这可能和北魏平城皇室的佛教政治有关。黄阳兴研究员推测，北魏平城位于中国西北方位，"妙兴西北方主"莲瓣纹舍利容器出于昙曜开凿的五佛窟遗址前，基本沿用了犍陀罗莲瓣舍利容器的样式，铭文"西北方"有可能反映了对"西北方主"的拓跋鲜卑政权的祈福，也基本符合云冈石窟与北魏皇权政治的密切关系。

双面造像十分特殊，出土于云冈石窟附近的鲁班窑，题材或为释迦与弥勒，是目前汉地仅见的佛教造像类型，时代约在 5 世纪中后期。毫无疑问，该类双面造像渊源自犍陀罗艺术。从内涵上看，弥勒是释迦授记成佛的菩萨，是否表达了某种政治权力的传承？抑或是如释迦多宝二佛并坐像般可能象征的二圣思想？尚需进一步探讨。

塔刹相轮也可清晰地看到犍陀罗佛塔的影响，同时也有汉地的一些改造，可知云冈石窟山顶寺院亦有石塔供养。这类完整的造像石塔也渊源自犍陀罗地区，北魏时期北方大量流行多层造像塔，也应是受到犍陀罗艺术的激发。

对于朱业微石造像，黄阳兴研究员主要针对其佛座下面双象样式的装饰进行了探讨，象在佛经中有多种形象，比如"进止如象王，行步如鹅王，容仪如狮子王""象喻佛性，盲喻一切无明众生"，不同于常见的象征佛陀王者形象的双狮王座，佛教造像中的双象座是颇为独特的一种样式。这类双象承佛座或在佛座下方的造像在犍陀罗艺术中亦所见不多，大致包括帝释窟禅定像、佛说法像、佛涅槃像或佛塔建筑中四方大象装饰。云冈石窟中多为造像中承塔之设，犍陀罗图像中八王分舍利场景中常有象承舍利而行，阿马拉瓦蒂大塔上则见有双象礼拜佛塔。朱业微造像背面有浮屠塔像，双象承座图像显然也受到犍陀罗图像及涅槃思想的影响。

中国南北朝时期，交流碰撞是欧亚大陆各国往来的时代主旋律。融合东西方多元文明因素的佛教作为当时亚洲最主流的宗教，直接推动了文化艺术的交流与传播。犍陀罗佛教对早期中国佛教发展产生了重大影响，不仅是造像艺术，也包括佛教经典的翻译与传播、佛教相关的物质文化等诸多方面。

文物背后往往隐含了跨地域文化传播的诸多思想和文化信息，通过对诸多细节的深入研究可以更充分地揭示其内在价值和文化意涵，以更好地促进文化和知识传播（图 11）。

暨南大学历史学系张小贵教授
《北魏平城与外来文化》

张小贵教授通过对文献记载北魏与西域各国的文化往来进行梳理，结合考古发现的金银器、玻璃器及云冈石窟的图像艺术等资料，对所包含的伊朗文化、印度文化等外来文化因素进行揭示，借以窥见北魏平城时代中外文化交流的繁荣景象，彰显中华文化多元包容的文化特征。

首先，关于 1970 年大同南郊出土八曲银洗的争议，根据林梅村先生的文章认为其来自大夏，因为其外壁有大夏铭文，虽然铭文释读不完全，现仅可释读"XOSO 拥有"若干字，但依旧

图 12　暨南大学历史学系张小贵教授主题报告

是目前对八曲银洗较普遍的认识。此外还有很多学者对八曲银洗进行研究，例如，孙培良、夏鼐、宿白、孙机、齐东方等，在观点上有诸多不同，或认为其为萨珊式，或认为是西亚或中亚式。奈良博物馆认为其为拜占庭制品。因此，关于这一类的东西属于什么风格还是有诸多疑问。对此张小贵教授对林梅村先生认为其来自大夏的观点，对比大夏文字与八曲银洗铭文，对二者之间较大的差异提出疑问。

其次，张小贵教授提出了关于鎏金錾花银碗的疑问。1970 年山西大同南郊出土与 1988 年大同南郊北魏墓群出土的银碗一般大家认为是波斯式，但张小贵教授认为对比典型的萨珊式银碗，造型、图案中均存在差异，因此，鎏金錾花银碗是否体现出了文化多元的可能性？

最后，关于 1981 年大同小站村封和突墓出土的北魏狩猎纹鎏金银盘，据称属于萨珊王朝第四代国王巴赫拉姆一世时期。对此，夏鼐和马雍在 1983 年都发表过研究文章。马雍依据画面的人物形象，认为其与国王形象较为符合，判断银盘为巴赫拉姆一世时期。然而这一形象是否为国王仍值得探究，通常表示国王身份地位的显著图样特征，在银盘上并不明晰。另外，关于银盘上的狩猎图，张小贵教授认为其中的野猪形象值得探讨，在一般的狩猎图中，狩猎对象一般为羊、鹿、狮子，很少见野猪，因为野猪是神的幻化对象之一，是王权象征，属于正面形象，不太可能被猎杀。所以狩猎纹鎏金银盘的属性需要再进一步讨论（图 12）。

大同市考古研究所副所长李树云研究员
《考古视野下的北魏平城》

为配合文化创新发展，让文物走出去、活起来，大同市考古研究所对相关文物进行了整理，以考古性展览的形式呈现出来，李树云副所长基于展览大纲进行了分享。

北魏于398年迁都平城，经过了在平城近百年的发展，北魏的政治文化均取得了长足的发展并体现出文化交流融合的时代特色。在北魏平城考古中发现了大量的北魏时期的重要遗址和墓葬，体现了北魏平城时期不同阶段的文化面貌。

一、永远的故乡——北魏平城早期多民族汇聚在墓葬中的体现。北魏迁都前后几年，存在大量的人口迁徙，平城的人口构成至少有拓跋鲜卑人、汉人、慕容鲜卑、高车、丁零、高丽、匈奴、西域人等等，体现出北魏平城早期多民族汇聚的特点。平城初期墓葬体现了多种文化特征和民族特

图 13　大同市考古研究所副所长李树云研究员主题报告

色，例如，北魏早期墓葬大同东信北魏墓地 M211 前后室双室墓，墓葬出土陶俑具有关中地区十六国墓葬的风格，墓主有可能从关中地区迁到平城。又如大同沙岭北魏壁画墓，上有太延元年题记（435 年），墓主人为鲜卑别部破多罗部的破多罗太夫人。壁画内容既有汉代传统的庖厨图、神兽图等，又具有鲜卑风情的野炊、毡帐等。出土器物如鸡首壶、发簪、铜镜、串饰、金饰片、双耳铜罐、金质口含钱等，也能看出平城初期的墓葬中常见鲜卑民族特色及对传统文化的继承。

二、精致的生活——北魏平城中期多元文化融合背景下的生活图景。定都平城中期，随着对北方的统一，一是丝路打通，二是迁移大量人口，体现在墓葬中。这一时期的文化特色丰富鲜明，朝气蓬勃，多元汇聚。例如，大同七里村北魏墓地，出土有完整漆木棺、丝纺织品、漆器、釉陶器等，墓室四壁、顶部绘有精美壁画，描绘有乐伎、生活场景等。又如大同北魏吕续彩绘石棺墓，也是多元文化的体现，墓门有力士，后壁有东王公西王母、朱雀玄武、青龙白虎及羽人。

三、凝固的记忆——北魏平城时期发达的宗教艺术。北魏平城时代，佛教艺术繁荣，成就最为突出的石雕艺术，更是承载了一个时代的辉煌。开凿于 5 世纪中叶的云冈石窟，造像气势恢宏，风格富丽堂皇，既承接了秦汉以来传统艺术的精华，又开启了隋唐浪漫主义色彩的先河。近年来出土的佛教泥塑造像做工精致，平城模式跃然眼前，受佛教艺术影响，见于墓葬中的石灯、石帐座等生活用品雕工精湛。平城时期的佛教艺术表现出浓郁的中西文明互动的艺术风格，而北魏融合中西、蓬勃向上的时代精神成为中国走向盛唐的必要前提。

以大同古城塔基遗址为例，出土小型塑像数量近千件，根据脸形、发髻、冠饰等特征观察，其题材主要有佛像、菩萨、天王、夜叉、供养人、胡人、金翅鸟、龙、骆驼、璎珞、勾栏等，代表了北魏平城时期雕塑艺术的最高水平。大同铁牛里塔基遗址出土有泥塑佛教塑像残件 200 余件及大量的筒瓦、板瓦、瓦当等建筑构件，初步确定这是一处北魏寺院遗址，推测为"天宫寺"遗址。邢合姜壁画墓内出土了绘满佛像的石堂，是平城佛教绘画艺术的重要发现。另外，大同地区的道教也是十分发达的，出土了"太平真君十一年"（450 年）的墓葬，墓主人很有可能是道教信徒。

四、繁华的都城——北魏平城晚期一体文化格局的显现。平城时代晚期的太和时期，由于太和改制及长时间的文化融合，墓葬所表现的文化面貌较为统一，并呈现出空前繁荣的景象（图 13）。

深圳市文物考古鉴定所原所长任志录研究馆员
《北魏平城釉陶的发展及其成就》

关于北魏平城釉陶的研究可以追溯到 20 世纪，研究学者众多，但都没有专题研究，有必要进一步认识和

诠释北朝釉陶。随着北魏统一北方，经济开始繁荣，鲜卑人从游牧向定居生活转变，釉陶技术得以在平城发展。釉陶类型不断完备，数量增多，釉陶使用范围扩展，质量改善，技术突破。釉陶不仅改善了日常器用质量，覆盖在宫殿、佛寺屋顶之上，也使北魏平城变得丰富多彩，平城人的死后世界变得奢华。这些态势表明釉陶在平城达到了一个高峰，这是汉代釉陶以来的第二次高峰。之后的东西魏、北齐、北周、隋代釉陶，尤其是唐三彩都受到了北魏平城釉陶的影响。北魏平城最早大批量出土釉陶的墓葬是 1972 年的司马金龙墓。从 2000 年开始，北魏平城的考古进入一个新时期，出土了大量釉陶。

图 14　深圳市文物考古鉴定所原所长任志录研究馆员主题报告

报告从几方面重新考量大同北魏釉陶的发生、发展过程。首先是北魏平城釉陶器类型及其演变，包括侈口长颈壶、釉陶罐、釉陶小众器物、明器、釉陶俑及釉陶建筑材料的不同类型和演化。其次，认为北魏平城釉陶器物可以分为三期：第一期，5 世纪初期（400～430 年），即北魏统一北方时期；第二期，5 世纪中期（430～466 年），即北魏统一至太和汉化之前；第三期，5 世纪晚期（467～494 年），即孝文帝汉化到迁洛之前；至 5 世纪晚期迁洛之后，釉陶器迅速减少。再次是北魏平城釉陶的发展及其成果。北魏 386 年建国，当时无论是经济还是技术上都不足以生产釉陶这种有一定科技含量的产品。直到 398 年迁都平城，并先后于 427 年征服大夏、436 年平定北燕，这两个釉陶生产的传统地区被纳入北魏统一王朝，釉陶技术才可能传入了平城地区。第二期从 430 年开始，社会经济明显取得进步，为釉陶的生产提供了更好的基础，所以此期大量釉陶器物出现，并且开始恢复了汉代的釉陶俑的使用。第三期从 467 年开始，孝文帝即位，进行汉化改革。此时社会相对稳定，经济发达，中国北方地区政治统一，所以这一时期大量墓葬含有釉陶器物、俑，并且出现了定居生活所需要的碓、磨、灶、井、仓，再到建筑琉璃，釉陶器物类型、数量增加，在平城达到了东汉以来的又一个高峰。

关于北魏平城釉陶的文化元素，任志录研究馆员认为北魏平城釉陶的文化原型主要来源于关中文化和鲜卑文化，而很少受到南朝文化和西域文化影响。反而北魏平城鲜卑元素却影响到了南朝文化，进而融入中国器物形式。北魏釉陶出现以前中国北方存在于三个地区：关中地区、辽宁地区、吉林地区即高句丽地区，但是影响北魏平城釉陶的为关中和辽宁地区。

关于北魏平城釉陶成果及其影响。任志录研究馆员提到四大成果：一、釉质胎质的改善；二、北魏平城釉陶的镶嵌技术；三、北魏平城釉陶彩绘装饰；四、北魏平城建筑琉璃的传播。

关于北魏釉陶存在的问题和利弊，任志录研究馆员提到北魏平城的鲜卑人虽然在生活上追求奢侈品，并追求先进的技术，这也促使釉陶技术水平和规模上都达到一个高峰，但是，从北魏平城没有自己的釉陶碗和没有标准釉陶净瓶可以看出，总体上对新的生活方式抵触很大。大同虽然建立了宏大的云冈石窟，但在佛教器物上最具标志性的器物即是净瓶没有出现，而是借用了平城生活中最重要的器物鲜卑壶。

最后，关于北魏平城釉陶与云冈石窟、与平城贵族生活，任志录研究馆员表示北魏平城釉陶不仅见于墓葬，而且见于云冈石窟的寺庙建筑之上和禅堂之内，这表明釉陶是北魏平城贵族、僧人日常生活和宗教生活中的实用器，也是当时流行的一种重要器用材质。而釉陶只有作为实用品，作为一种贵重材质，才能得到改进和发展（图 14）。

广州市文物考古研究院全洪研究员
《南朝时期南北文化交融的实物——以广东遂溪、罗定出土文物为例》

魏晋南北朝时期虽然中原华夏离乱，南北政权对峙，但南北文化交流往来不绝，尤其是工艺美术的交往融合十分活跃，因受相同渊源文化影响，形成一种对外开放，吸收外来养分时代格局。北方地区得地理之利，通过西域和北方草原地带接受来自希腊、波斯、印度的影响。南朝据江东而守，仍可通过西域与波斯萨珊王朝聘使交通。佛籍记载西晋时最早从海路来华传教的天竺僧人抵达广州，东晋到南朝达到高峰。通过海路，印度、波斯、希腊文化也在中国南方出现，中国的南北朝的共同性十分明显。

图15　广州市文物考古研究院全洪研究员主题报告

全洪研究员从器形和纹饰上分析了岭南地区广东遂溪、罗定两处重要考古发现的几件代表器物：十二瓣银碗、贴金银盅、六方连续纹银杯、走兽纹金手镯、七叶草纹铜镜等。其器形和纹饰在北方都可见相同的题材，卷草纹、忍冬纹、曲口杯碗、尖底器形、似龙似犬变形神兽、龟背纹等不但见诸江南、山东、东北以至朝鲜半岛、日本列岛，更多集中于北魏平城、洛阳、河西走廊等地，但构图、修饰技术手法不同，体现出4～6世纪南北文化融合，共同构筑中华文明。

这些器物的来路不都十分明晰，但由器物造型、风格大体可推测其制作的来源。岭南地区出土的具有印度、波斯文化因素的器物部分可能由海路输入，有的可能来自北方，且很可能是中国工匠制作。银碗是典型的中亚遗物，为粟特制品，南北方都有发现。贴金银杯的圈尖底造型以及錾刻的纹样，结合同出的银盒，以正面莲花纹为主，具有更多印度元素。金手镯的神兽及莨苕纹没能看到相同的作品，估计与铜镜一样是中国工匠吸收西方文化因素制作。

从考古文物的角度可看到南方、北方的美术题材出现诸多共同因素，南北朝时期中国南北文化的多样性对中华文明的一体多元、南北文化融合做出贡献（图15）。

学术总结

最后，云冈研究院王雁卿研究员对会议进行学术总结。作为2023年度文博行业的100个热门展览之一，深圳博物馆精心策划的"文明丽迹——北魏平城与云冈石窟"以复制窟及平城、云冈出土的典型文物，以及云冈模式影响下的造像，呈现了一场精彩的展览，让云冈石窟原大的洞窟来到了深圳，全面展示了北魏平城时期的民族大融合、中西文化交流汇融的丰硕成果。

本次学术研讨会主题分为三个方面，一个是杭州飞来峰的源来图像，另外两个分别是关于北魏平城和云冈石窟专题。专家们结合文献材料、图像材料和出土文物，在多重证据下探讨了展品及展品以外北魏平城所表现的不同文化面貌。独特的鲜卑文化、平城和高句丽文化带来的文化交流的繁荣景象，南朝文化与北朝文化多样的交融，都展示出朝气蓬勃的北魏平城文化的多元汇聚。对于云冈石窟，会议探讨了昙曜五窟的造像内容和风格，其与炳灵寺169窟、长安佛教和麦积山石窟的关系，以及云冈石窟中受到的笈多艺术的影响。展品中的明星展品——第12窟，作为云冈石窟的中期洞窟，与其他洞窟有相似性也有很多差异性。第12窟有自己独特的创新性，比如说赵老师提到的"梵天劝请"的故事图案。

专家们的报告与展览的名字"文明丽迹——北魏平城与云冈石窟"十分贴切，（图16、17）各位专家精彩的报告、热烈的讨论，让这次研讨会成为了一次有材料、有观点、有新意、有深度的学术研讨会。

图 16　会议现场

图 17　与会专家参观展览

"文明丽迹——北魏平城与云冈石窟艺术"

展览的策划与实施

文 / 刘绎一（深圳博物馆学术研究部）

2023 年 12 月 6 日至 2024 年 5 月 24 日，"文明丽迹——北魏平城与云冈石窟艺术"特展在深圳博物馆历史民俗馆展出。该项目是深圳博物馆佛教艺术专题展览系列的又一重磅原创大展，获深圳市宣传文化事业发展专项基金支持，由深圳博物馆、云冈研究院主办，故宫博物院、山西博物院、大同市考古研究所、大同市博物馆、河北博物院、朝阳市北塔博物馆、沁县南涅水石刻博物馆、蔚县博物馆协办。展品共 237 件套，近半数为三级以上的北朝文物珍品，此外包括云冈第 12 窟大型全景 3D 打印复制窟、历史档案等重磅展品。展期举办专家讲座 6 场，学术座谈会 1 场，手绘活动 1 场，视障人士导赏 1 场。累计参观客流共 724020 人次，获多家媒体报道，是我馆近年来社会反响最热烈的特展之一。

一、筹备工作

深圳博物馆是国内较早系统性举办佛教艺术专题展览的文博单位，策划国内各大石窟寺等重要佛教遗址、遗存专题展览是我馆佛教艺术研究团队不懈努力的方向，举办云冈石窟特展是本团队多年来的一大愿景。自 2011 年至今，我馆已举办佛教艺术专题展览 14 场（表 1）（图 1），在文博界与湾区观众群体中形成了

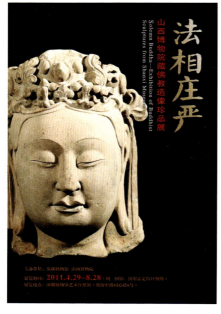

图 1-1　法相庄严——山西博物院藏佛教造像珍品展

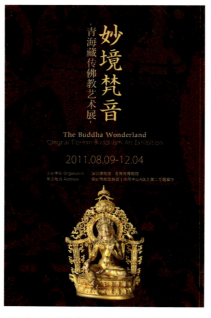

图 1-2　妙境梵音——青海藏传佛教艺术展

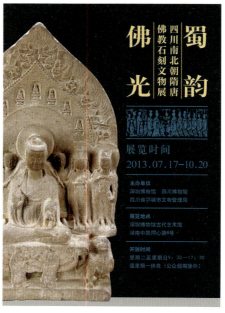

图 1-3　蜀韵佛光——四川南北朝隋唐佛教石刻文物展

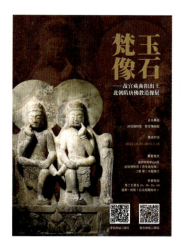
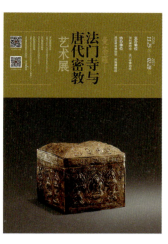
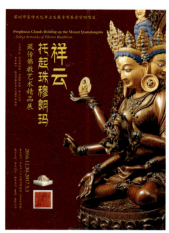

图1-4　玉石梵像——故宫藏曲阳　　图1-5　曼荼罗—法门寺与唐代密　　图1-6　祥云托起珠穆朗玛——藏　　图1-7　观照自在——中国古代观
出土北朝隋唐佛教造像展　　　　　教艺术展　　　　　　　　　　　　传佛教艺术精品展　　　　　　　　音造像艺术展

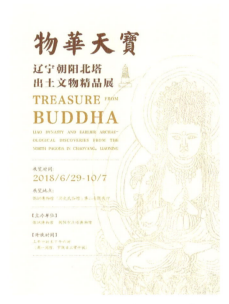
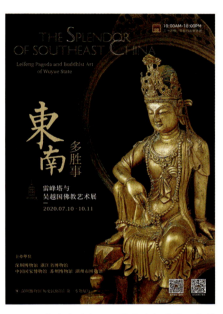
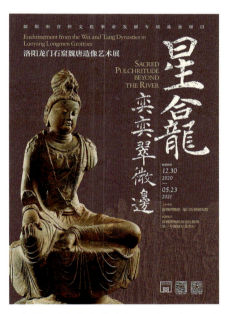

图1-8　物华天宝——辽宁朝阳北塔出土文　　图1-9　东南多胜事——雷峰塔与吴越国佛教　　图1-10　星龛奕奕翠微边——洛阳龙门石窟
物精品展　　　　　　　　　　　　　　　　　艺术展　　　　　　　　　　　　　　　　　　　魏唐造像艺术展

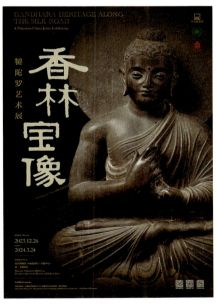

图1-11　交流·互鉴——敦煌石窟与河西走　　图1-12　文明丽迹——北魏平城与云冈石窟艺术　　图1-13　香林宝像——犍陀罗艺术展
廊的丝路艺术

较好的声誉和影响力。随着 2020 年《国务院办公厅关于加强石窟寺保护利用工作的指导意见》（国办发〔2020〕41 号文）的发布、2021 年云冈研究院的正式成立，云冈石窟特展筹办的外部条件日臻成熟。项目的正式启动始于 2022 年下半年，历经一年有余的紧张筹备，包括项目申报、合作洽谈、文物和展览考察、文物清单商定、展陈大纲撰写、展陈设计、宣教活动设计、招投标、协议签署、展厅施工、文物点交和布展等一系列环节，至 2023 年 12 月顺利开幕（图 2）。以下着重介绍展览筹备期间考量的重点问题和面临的工作难点。

表 1. 深圳博物馆佛教艺术系列专题展览

序号	展览时间	展览名称
1	2011.04.29 ～ 2011.08.28	法相庄严——山西博物院藏佛教造像珍品展
2	2011.08.09 ～ 2011.12.04	妙境梵音——青海藏传佛教艺术展
3	2012.10.28 ～ 2013.02.28	清新俊逸——青州龙兴寺出土北朝佛教石刻珍品展
4	2013.07.17 ～ 2013.10.20	蜀韵佛光——四川南北朝隋唐佛教石刻文物展
5	2014.10.30 ～ 2015.01.18	玉石梵像——故宫藏曲阳出土北朝隋唐佛教造像展
6	2016.11.25 ～ 2017.02.28	曼荼罗——法门寺与唐代密教艺术展
7	2016.12.30 ～ 2017.05.03	祥云托起珠穆朗玛——藏传佛教艺术精品展
8	2017.12.15 ～ 2018.02.28	观照自在——中国古代观音造像艺术展
9	2018.06.29 ～ 2018.10.07	物华天宝——辽宁朝阳北塔出土文物精品展
10	2020.07.10 ～ 2020.10.11	东南多胜事——雷峰塔与吴越国佛教艺术展
11	2020.12.30 ～ 2021.05.23	星龛奕奕翠微边——洛阳龙门石窟魏唐造像艺术展
12	2021.12.31 ～ 2022.03.20	交流·互鉴——敦煌石窟与河西走廊的丝路艺术
13	2023.12.26 ～ 2024.03.24	香林宝像——犍陀罗艺术展
14	2023.12.06 ～ 2024.05.24	文明丽迹——北魏平城与云冈石窟艺术

（一）定位与立项

深圳博物馆策展团队将展览重点聚焦于云冈石窟的艺术之美以及北魏平城的多元文化交流，展示在北魏平城——四方人口聚集、社会急速变革的时代，文化力量如何为国家的创新和富强提供坚实保障，以期为大湾区文化事业建设提供宝贵的历史经验。想要突出这一展览主旨，在深圳博物馆办好云冈石窟主题展览，策展团队认为必须攻克两大难题：（1）就展览体验而言，需要在博物馆这一脱离了遗址现场的空间中丰富观众的感官感受，使大家切实领略到历史文化遗产的魅力；（2）在知识传达层面，需要让大湾区的观众读懂远在山西大同的"北魏平城时代"和"云冈石窟艺术"蕴含的历史文化信息。

考虑到上述重点和难点，2022 年期间深圳博物馆与云冈研究院展览团队的主要领导、成员就合作举办特展的设想多次线上沟通，在综合考虑云冈研究院的展览资源和深圳博物馆的展陈条件的基础上，确定了此次展览的几大方向：（1）展品构成，以云冈的石刻类文物与第 12 窟复制窟互为补充，此外需要向更多文博单位借展，以充实展览叙述；（2）展期为半年，以更好地扩大展览影响；（3）展陈手段上，需要借助多媒体内容以便利信息传达、丰富展览体验；（4）教育推广方面，通过举办特色活动、专家讲座和研讨会，推送宣传片、发放印刷品等多种形式与公众互动，在学术性和趣味性方面延伸展览价值。

2022 年 10 月，我馆策展团队规划了包括展览选题、经费预算、合作单位、团队成员、实施进度等内容的初步规划方案，提交申报深圳市宣传文化事业发展专项基金，至 2023 年 7 月正式获批立项。近年来，深圳博物馆在深圳市宣传文化事业发展专项基金的积极支持下举办了一系列中外文物艺术精品展，通过文物考古材料阐释中华民族多元一体格局的形成、中华民族与丝绸之路文化的交流互动的历程。此次展览的预期效益亦在于积极响应国家大力发展文化事业的号召，弘扬中华优秀传统文化，丰富深圳市民的精神文化生活，增强深圳文化的活力，扩大深圳文博事业发展的影响力和深圳学术文化的知名度。

（二）展览考察与展品商借

2023 年线下考察条件成熟之后，4～8 月间，我馆代表多次赴山西大同、太原等地洽谈合作事宜、学习展览经验，重点考察的展览包括山西考古博物馆"考古的温度——山西'十三五'考古成果展"、大同市雕塑博物馆"溯源·寻根——大同考古纪实展"、吴中博物馆"经典与范式——平城实力和云冈时代"、苏

图 2 "文明丽迹"展览开幕式

州湾博物馆"芥子须弥——云冈特展"（图 3），这些展览的相当一部分文物在 2023 年 12 月来到了深圳。其中，山西的两场考古成果展都以大同市考古研究所的北魏平城时代考古发现为重要内容，材料新颖，展览文本、展陈方式有许多值得借鉴之处；苏州的两场云冈特展各具特色，"经典与范式"的文物品类丰富、学术性强，"芥子须弥"的展陈设计富有特色，数字展品和多媒体装置令人印象深刻。"文明丽迹"团队通过对展览现场的考察，以及与这四场展览主要策展同事的业务交流，吸取了宝贵的工作经验。

为充实展览叙述，策展团队积极寻求各兄弟单位的展品支持。其中，山西博物院、大同市考古研究所、大同市博物馆提供的大量北朝文物珍品全方位展现了北魏平城繁华的时代风貌，蔚县博物馆的太平真君五年朱业微石造像为理解云冈石窟艺术提供了重要的参考坐标，故宫博物院、河北博物院、朝阳市北塔博物馆、沁县南涅水石刻博物馆的藏品则生动诠释了云冈石窟对北魏平城时代、洛阳时代佛教造像艺术直接或间接的影响。所有合作单位都为展览工作提供了极大的支持，与我馆通力协作克服了种种困难——包括但不限于借展清单的反复商议、常设展文物的借出、特展档期的冲突和协调、展品运输和布置的技术性难题等等事项，最终才得以推出这场由 10 家文博单位联合呈现的重磅展览。

（三）复制窟的展陈规划

尤其值得介绍的是围绕云冈研究院数字展品开展的一系列工作。本次展览规划之初即确定了云冈第 12 窟的 3D 打印窟是不可或缺的重磅展品，此复制窟是世界首例 3D 打印复制的"积木式"大型石窟文物，通高约 9 米、通宽约 14 米、进深约 12 米，于 2019 年由深圳的科技公司制作完成，曾在浙江大学、上海宝龙美术馆等机构展出。该复制窟是深圳的科技力量赋能中华优秀传统文化传承发展的重要成果，又在此次展览的契机之下回到深圳展出，实属难得。1:1 还原的复制窟是展览现场最引人瞩目的展品、博物馆观众沉浸式体验文化遗产现场的重要手段，但巨大的体量也为带来了常规展览所不具备的一系列展陈问题和工程难题，为展览协调和工程安排带来诸多挑战。

在筹备阶段，展览团队对复制窟展示期间可能遭遇的主要问题进行了研究。首先需要攻克的难题是观众接待量，应避免观众在复制窟展示区域长期逗留导致参观通道堵塞、影响观展体验。为此，展览团队通过调查云冈第 12 窟遗址现场的最大观众容量、讲解重点内容等信息，结合我馆分时段开放参观的客流量，规划

图 3-1 考古的温度——山西"十三五"考古成果展

图 3-2　溯源·寻根——大同考古纪实展

图 3-3　经典与范式——平城实力和云冈时代

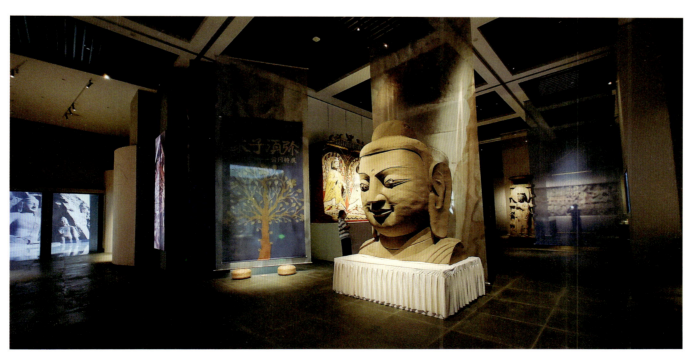
图 3-4　芥子须弥——云冈特展

了复制窟参观方案，包括最大观众容量、复制窟区域的参观动线和排队区域、讲解接待方案等事项，最终形成了"洞窟参观须知"公告张贴于窟前，并附以云冈12窟全景浏览二维码、语音讲解二维码（图4）。这一系列措施有效保证了展期观众参观秩序。第二大难题是信息传达，即需要向观众展现云冈第12窟的哪些重点信息、以及如何呈现的问题。诚然，让观众在没有过多图文信息干扰的环境下感悟展品的艺术性也是一种常见的展陈理念，但策展团队认为有必要为观众提供能够便利地获取到展品历史文化信息的可能性。就俗称"音乐窟"的云冈第12窟而言，对其复制窟的展示不仅需要介绍其在云冈原址、北魏历史原境的基础信息（如位置、年代、体量等），还需要对它雕刻题材的亮点进行简明扼要的解读（如诸多音乐供养的天人形象、佛教故事、建筑装饰所见中外文化交流因素等）。最终确定在窟前区域提供两类参考信息，一是在窟前右侧，以音乐天人及其所持乐器为主题的电子图录视频（放映屏）；二是在窟前左侧的文字展板，介绍复制窟主要信息（图5）。除观众接待和信息传达的问题，设计团队还对地面承重和保护、复制窟外立面修饰、窟内的照明、安防和消防布点等方面进行了额外考量和布置。

复制窟的布、撤展施工具有一定挑战性。复制窟的搭建地点为深圳博物馆历史民俗馆的中厅，由于其"积木式"的构件需要由8个集装箱车在现场装运，部分零部件需要更换或在现场重新上色，并于博物馆中厅高空作业搭建或拆卸（图6），深圳博物馆需要在尽可能保障公众开放及相邻机关单位日常工作的前提下，换言之，不影响观众参观我馆其他展览、尽少占用深圳市民中心地面空间的情况下完成布撤展任务。为确保复制窟的搭建、拆除工作安全顺利进行，深博展览团队与云冈研究院、复制窟制作公司专业人员密切沟通对接，并与施工方、运输方和深圳博物馆相关业务部门同事召开多次协调会敲定工期，明确有关手续报备、安全生产、展厅清洁恢复等注意事项，最终在深圳市机关事务管理局等机构的大力支持以及多方配合协调下克服重重困难，顺利完成了既定任务。其中，复制窟的运输和搭建工作历时约2周，拆卸、装箱工作历时约1周。

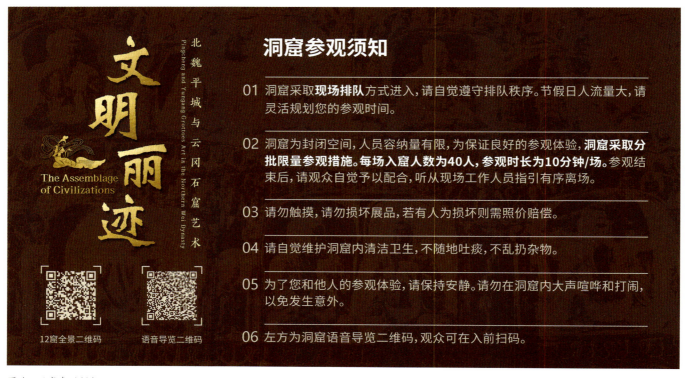

图4 洞窟参观须知

二、展览架构

"文明丽迹"展览分为中厅和第二专题展厅两大展区，更与同期展出的"香林宝像——犍陀罗艺术展"（2023.12.26 ～ 2024.3.24）互为呼应，深度展现了北魏平城时代的民族交融、文明交汇的历史进程。

图 5-1 窟前右侧

图 5-2 窟前左侧

图 6-1 装运 3D 打印构件的集装箱车

图 6-2 复制窟替换构件重新上色

图 6-3 复制窟施工现场

（一）空间规划

一楼中厅展区为数字互动区、体验区，以科技赋能文化遗产的展示利用。展陈空间以云冈第 12 窟复制窟为主体，将复制窟安置于一楼中厅后部正中，使窟门正对深圳博物馆历史民俗馆东门（观众出入口），并在复制窟的左右两侧各搭建一处与复制窟进深相当的半开放式小型临时展厅，用以设置多媒体互动设施、部分精品文物陈列和云冈石窟的研究史、保护史等内容（图 7）。

位于二楼的第二专题展厅则以考古文物为依托，分为"五世纪的中国与世界""四方都会""雕饰奇伟""创艺垂范"四个部分。序厅"五世纪的中国与世界"从世界格局、南北朝局势两方面铺陈展览的历史背景；第一单元"四方都会"通过出土的石刻、陶瓷器、金银器、珠饰等，诠释北魏平城时代民族大融合面貌；第二单元"雕饰奇伟"通过皇家建筑构件、石窟寺雕刻及泥塑等文物，展现云冈石窟在中外文化交流史的丰硕成果；第三单元"创艺垂范"则借助东北、华北等地出土的文物及传世珍品，叙述云冈石窟对北魏平城时代、洛阳时代及后世艺术文化的深远影响（图 8）。

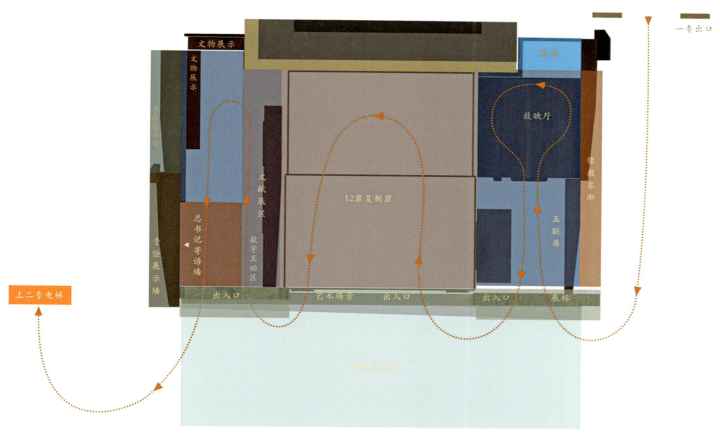

图 7　中厅平面图

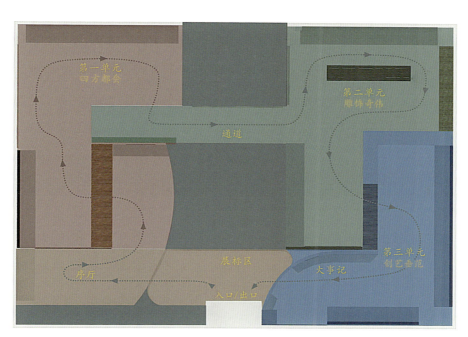

图 8　二专平面图

　　因第二专题展厅只有唯一出入口，本次展览按惯例安排了顺时针参观的路线。而一楼中厅由于复制窟和两个小展厅都是半开放的空间，参观动线相对自由，但是展览团队仍旧通过指示箭头、内容设计等方式提供了一条推荐路线：从第一专题展厅出口（即复制窟右侧小展厅外墙）的"像教东渐"展板看起，依次参观复制窟右侧小展厅、复制窟、复制窟左侧小展厅，最后搭乘电梯上二楼继续参观第二专题展厅。之所以如此设计，是因为在"文明丽迹"展出期间，来自巴基斯坦的"香林宝像——犍陀罗艺术展"也来到了深圳博物馆历史民俗馆，其展出地点就在第一专题展厅，即复制窟模型的"背后"。

云冈和犍陀罗这两大佛教艺术宝库在深圳的"对话"，是我馆佛教艺术研究团队在云冈研究院、故宫博物院支持下，把握展览机遇促成的一场"妙会"。犍陀罗佛教艺术的辉煌期约在公元1～5世纪，早于云冈石窟北魏洞窟的营建（460～524年），学界一般认为云冈早期"昙曜五窟"的艺术风貌体现了以犍陀罗艺术为代表的外来文化影响。为加深观众对中外文化交流的理解，更好地读懂这两大展览，展陈团队精心规划参展路线，引导观众按时间线索从"犍陀罗"看到"云冈"。两大特展衔接处的"像教东渐"展板，通过呈现"古印度""犍陀罗""西域""河西走廊""北魏平城""中原地区"六个地区的早期佛教流行概况及重要遗址、壁画、雕塑等佛教遗存的图片，帮助观众快速了解云冈石窟与早期佛教发展、传播史的关联。除此之外，值得特别关注的是复制窟右侧小展厅展示的一尊1:1复原的云冈19窟"罗睺罗因缘"3D打印件，这是云冈研究院为支持深圳博物馆打造"云冈对话犍陀罗"的展陈效果全新制作的展品（图9）。云冈第19窟属于早期开凿的"昙曜五窟"之一，洞窟形制和造像风格具有较鲜明的犍陀罗艺术特征，其中的"罗睺罗因缘"雕刻位于洞窟南壁西侧的中部，是云冈石窟已知年代最早的佛传故事。释迦牟尼像高3.98米，面带微笑，右手施无畏印，左手抚罗睺罗头顶；罗睺罗像高0.86米，单膝跪地，双手合十。雕刻传神而动人，被誉为云冈石窟中"最温情"的画面。

图9-1 罗睺罗因缘3D打印件　　　　　　　　　　　　　　　图9-2 云冈石窟现场观众视角所见"罗睺罗因缘"

（二）重点话题

此次展览的文物类展品主要集中于第二专题展厅，部分陈列于中厅复制窟左侧的小展厅。以下简要介绍策展团队选择和布置部分重点文物时，对学术问题和展陈效果的一些考量。

1. 朱业微石造像

蔚县博物馆藏北魏太平真君五年（444年）朱业微石造像是一件学术价值极为重要的平城时代佛像。该造像的发现地东距大同市区约150公里，其制作年代在北魏太武帝拓跋焘灭佛运动前夕，对了解云冈石窟开凿以前平城及周边地区的佛教艺术面貌有重要参考意义。策展团队将这件重量级展品安排在第二专题展厅的第一

图 10-1　朱业微石造像　　　　　　　图 10-2　专家学者现场参观

个独立柜，突显其重要性，亦以此作为序厅"五世纪的中国与世界"图表内容与第一单元"四方都会"文物展览的转折点。以往朱业微石造像的资料公布、陈列展示鲜少可见其背屏背面的铭刻和图像，此次"文明丽迹"展览使用独立柜展示造像，方便观众和研究者从各角度观察文物（图 10），展览图录亦刊布有最新拍摄的造像背面照片。

2. 平城居民及其生活方式

以北魏平城文化为题的文物展览，似乎在叙述方面总归有些"雷同"之处，例如展览开头从嘎仙洞和拓跋鲜卑西迁历程介绍起这一族群的发迹史，又或是一些经典研究给展陈文本带来的"烙印"。其实这些类似于"格套"的"程式化"内容正是诠释好北魏平城时代文化面貌的核心要义，是最关键的历史信息和最深刻的学术研究，是博物馆作为社会教育机构最需要向公众推介的内容。本次展览的一个重要使命便是将这些深奥的知识深入浅出地、准确地呈现给观众。

综合考虑展品资源、场地条件、公众接受度等因素，第一单元只聚焦于"雁北新都"和"族群汇聚"两大议题，以便于集中阐释北魏平城时代社会变迁之剧烈、文化构成之复杂。"雁北新都"一节，回顾了北魏平城的重要考古发现，并展示了鲜卑人在定居平城期间在汉文化影响下的物质文化风尚变迁，帮助观众形成对北魏平城的城市地理概况、鲜卑民族文化风貌的初步印象。这一节的主要文物包括：西汉"平城"瓦当，一组装饰元素各异的铺首，体现草原生活方式的毡帐模型、铜鍑等，反映汉人生活方式及葬俗对鲜卑人产生影响的模型明器和人物俑，关于饮食风尚的墨书陶瓶，以及两汉延续至北魏平城时代的汉文化器用如砚台、铜镜、多枝灯等（图 11）。

"族群汇聚"一节，通过 3 组重磅文物阐释了多元族群、文化交融之下异彩纷呈的北魏平城社会。第一组文物在"南人群体"和"鲜卑舆服"展板之下，以琅琊王司马金龙墓随葬品为核心，辅以大同出土青瓷器、彩绘陶器、牛车俑等文物。这组展品勾勒了以司马金龙家族为代表的南人群体在北魏统治下的境遇，也反映了关于南北交流中的族群融合、文化互鉴等现象。第二组文物在"胡貌梵相"和"歌舞百戏"展板之下，展示了一组近年新出土的彩绘泥俑，面容喜乐且皆有胡人特征，虽未能修复完整，但从肢体姿态和所持物的残余部分可判断其大多为伎乐人物。在布展时，策展团队将表演寻幢的力士置于中央，4 件立姿俑、4 件坐姿俑分列其左右，观众在参观时或许能联想到文献对唐代宫廷乐队的"坐部伎""立部伎"记载。与这组泥俑相

图 11 "雁北新都"主要文物

呼应的还有同一展区陈列的北魏贾宝墓石灯，灯把处刻画 8 位人物，大多着鲜卑装，或奏乐，或舞蹈，或表演杂技。第三组文物在"平城时尚"和"新兴器用"展板之下，展示了北魏平城墓葬出土的各类工艺珍品，包括珍珠、珊瑚、玛瑙、琥珀、水晶、玻璃等材质的珠饰，发簪、耳饰、手镯、指环，釉陶、玻璃、铜、银质容器，下颌托等。"族群汇聚"一节的文物，既包括青瓷鸡首壶、司马金龙墓多种釉色的彩绘陶俑之类的高级定制产品，也包括有塑有一整只鸡的陶质鸡首壶、工艺不精的仿多面金珠、仿磨花玻璃碗的陶质模型等"山寨货"，体现了北魏平城不同民族、不同阶层对审美风尚的多样化追求。如此丰富的文物品类，使今人得以一窥北魏平城时代商贸繁荣、工艺发达之盛景（图 12）。

3. 云冈石窟的艺术文化价值

第二单元"雕饰奇伟"依托云冈研究院展品，分为"武州要塞""穷诸巧丽""改梵为夏"三个小节。"武州要塞"一节巧妙利用展厅消防通道的空间，以巨幅"云冈石窟与大同城位置关系"示意图及"北魏平城时代的帝王""昙曜五窟与帝王崇拜"展板为开端，将展览的叙事中心由北魏平城转移至大同城西约 16 公里的云冈石窟，并聚焦到云冈开凿初期的皇家石窟性质上来。这一小节对应的文物有三组，从考古学的角度介绍文物的尺度、等级意义和遗址的功能区划。第一组主要是云冈石窟出土的砖瓦类遗物，包括体量宏大的灰陶板瓦，已知最早的琉璃瓦构件，以及一组规格一致的、出土于各个北魏皇家建筑遗址的筒瓦和瓦当，这些皇家建筑规格的构件体现了云冈石窟的建造等级。第二组是云冈窟顶遗址出土文物，包括陶碗、陶灯等僧人日用器，窟顶寺院建筑遗构等，是历次云冈石窟窟顶发掘出土的文物珍品。这组文物与"烟寺相望"展板相呼应，介绍了云冈石窟遗址的功能区划——除洞窟作为礼拜区域之外，考古发现的窟顶佛教寺院遗址可能是曾经的译经场所或僧侣生活修行区。第三组文物是鲁班窑出土石刻，用于说明云冈峪中其他小型北魏石窟寺遗址与云冈石窟可能存在的联系。但受展陈空间所限，这批文物未能得到集中展示，但是从观众调研结果来看，鲁班窑出土的大型石刻佛头、合十手、天宫伎乐因其体量令人震撼、雕刻精美等原因，成为许多观众印象最深刻的文物展品（图 13）。

图 12　"族群汇聚"展区

图 13　第二单元"雕饰奇伟"

第二节"穷诸巧丽"通过展示云冈石窟的各类雕刻题材，引导观众欣赏石窟的艺术价值、理解其蕴含的中外文化交流信息。该部分包括两组文物，其一是石窟所见各式人物、动物题材，包括佛、菩萨、天人、龙、狮、象、马等中小型雕刻，陈列于墙柜中；其二是建筑类石刻遗构，包括多件千佛石雕、圆拱形龛楣、石刻斗拱等，陈列于展区中央的长柜上。由于石窟雕刻的丰富精彩程度远超可移动的石刻残件展现的面貌，该展区以"云冈石窟造像题材"和"多元风格的建筑装饰"两块图文展板作为关键信息的补充。"云冈石窟造像题材"根据展品类别，展示了云冈石窟"佛""菩萨""弟子""莲花化生""天龙八部""魔众""供养人"题材的主要含义、造像组合与类别、重要案例等图文信息；"多元风格的建筑装饰"依托梁思成、刘敦桢、林徽因《云冈石窟中所表现的北魏建筑》一文，将石窟雕刻中代表性的中国仿木构元素、印度元素、波斯元素、希腊元素进行展示。

"改梵为夏"一节，主要叙述云冈石窟早、中、晚期石窟艺术形式逐步本土化、世俗化的变迁历程。由于艺术风貌的变迁是贯穿各期雕刻的关键线索，综合考虑展厅空间利用等元素，"改梵为夏"一节的内容叙述并没有借助某几件特定文物予以呈现，而是在第二单元各文物展品的具体说明中关照了这一问题，再通过"云冈石窟造像艺术的变迁"的图文展板来点明主旨。

第二单元最后的展柜与第三单元邢合姜画像石椁的介绍相呼应，以北魏平城时代泥塑、壁画所见佛教艺术遗存作为云冈石刻艺术的补充，通过对比不同艺术技法对佛教题材的表现，使观众更全面地领会北魏平城的佛教艺术风貌。这一部分以"平城佛寺"与"古典的微笑"为主题，其中"平城佛寺"展板之下并肩陈列两组文物，一为云冈石窟窟顶遗址考古发现所见佛、菩萨彩绘泥塑残件，二为2018年大同古城东北隅塔基遗址出土的一组泥塑彩绘头像，题材包括菩萨、天人、夜叉等。这组展品尤为珍贵，塑像的发型、服饰、面容等形态仍依稀可辨，部分文物有鲜明的域外风格，对于了解北魏平城的泥塑佛像工艺传统、与石刻传统的对比、城内外佛寺的历史面貌等议题有重要意义。在这组佛教泥塑左侧陈列的是9件平城墓葬出土的彩绘人物俑，它们的服饰、持物各异，但无一例外都面带微笑。这种或自在、或雀跃的"古典的微笑"在北魏平城时代的世俗、宗教人物造型中并不罕见，穿越1500余年的岁月依然极富感染力，展现着在革故鼎新、开放包容的社会氛围下生活着的北魏平城民众的精神气度（图14）。

图14 "古典的微笑"主题陈列展柜

图 15　第三单元"创艺垂范"

4. 云冈石窟的历史意义

　　展厅末尾的第三单元"创艺垂范"，叙述了云冈石窟对中国古代佛教艺术发展的重要历史意义。"平城遗风"一节列举了大同出土北魏石刻制品的各种类别，指出开凿云冈石窟产生的石料和对石刻工艺的推广，很可能是这一时期石刻器用得到普及的关键原因。"像教规范"主要介绍云冈石窟对北魏时期各地佛教艺术的影响，在图文展板中概况分析了我国北方山西、河西、东北、华北、中原五个地区重要北魏佛教遗存与云冈石窟艺术的关联。这部分的展品既包括出土品也包括传世品，文物年代在北魏平城时代和洛阳时代，包括：带有鲜明云冈石窟艺术风格影响的朝阳北塔出土北魏泥塑和石刻，河北地区典型的白石造像、金铜造像，沁县南涅水石刻博物院藏的北魏洛阳时代四面造像塔，主尊身形瘦削、秀骨清像，最后一个展柜陈列着故宫博物馆收藏的一批金铜、石刻造像珍品，其中大多有纪年信息。第二专题展厅的最后一面展墙是"北魏平城与云冈石窟大事记"，全面回顾了从北魏建国（登国元年，即 386 年）开始，直至云冈石窟始建（和平初年，即 460 年）到营造工程的结束（正光年间，即 520 ～ 525 年）期间的重大事件，以及唐以后云冈石窟的重要修缮事迹（图 15）。

三、展陈设计

　　"文明丽迹"展览运用石窟寺艺术典型纹样以及仿岩石肌理墙面营造历史氛围，并以云冈第 12 窟复制窟为中心，用知识图谱、720°全景浏览程序、数字游戏等多媒体手段在视、听、触觉等维度拓展观众的参观体验。

（一）历史氛围

云冈第 12 窟 3D 打印复制窟高达 9 米，雕刻、色彩还原度极高，置身其中仿佛回到 1500 年前的北魏平城，一经展示便引爆参观热潮。为在博物馆内营造古代遗迹的现场感，设计团队在复制窟两侧以及二楼专题展厅的出入口，通过加装浮雕泡沫装置的方式制作了大面积仿岩石肌理墙面（图 16）。浮雕泡沫装置在视觉、触觉上极大地增强了展陈现场的石窟寺氛围感，也从设计风格上加强了中厅、二专两个展区的关联性。

这一装置最成功之处在于消弭了复制窟在博物馆展厅中的突兀感。由于洞窟嵌于武州山岩体上，3D 打印的图像采集工作只能获取窟前的正面、窟内各壁面影像及模型；复制窟虽然对窟内的雕刻、彩绘进行了逼真还

图 16-1　中厅展区

图 16-2　第二专题展厅出入口

原，但是窟外侧的顶部、左右两侧、后方只有裸露的钢架结构，且复制窟正面 3D 打印构件的边缘为几何形状切割。如果将搭建好的复制窟不加修饰地安置在中厅，不仅展陈效果与遗址现场有较大差距，而且不利于复制件的清洁维护。起初的复制窟展陈方案，仅设计了大幅喷绘布遮盖复制窟顶部，并用烧结砖、鹅卵石铺设地面，借助两侧小展厅的临时墙体遮挡侧方，但是从效果图来看，洞窟造型的"完成度"并不高。展览落地前夕，确定了用浮雕泡沫装置装饰小型临时展厅的外立面、打造石窟岩体质感的方案，从而拓宽了复制窟所在"山体"的视觉延伸空间，由此将中厅展区的正立面整合为一个中间高起、两侧低矮的"三联窟"整体，将历史民俗馆中厅巧妙地打造为云冈石窟的场域。

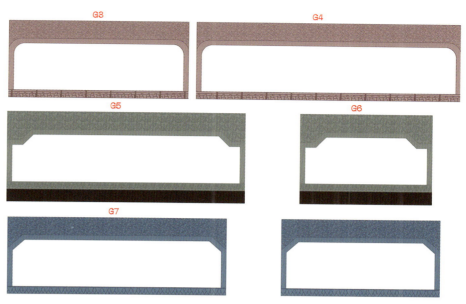

图 17　展柜外立面装饰

设计团队还搜罗了大量云冈石窟装饰图案的线稿和拓片进行艺术加工，用于点缀展板和展柜。第二专题展厅的每一块单元板都以窟龛的轮廓外形作为边框样式，且所有墙柜的外立面都整体装饰有车贴油画布制作的"镜框"（图 17）。忍冬、莲花、勾栏、三角垂幔纹等华丽纹样的大面积渲染，加之飞天、童子、须弥山等典型图案的使用，有效营造出北魏平城繁华而梦幻的时代氛围。

图 19-1　知识图谱

图 19-2　电子图录视频

图 19-3　填色互动游戏

（二）数字体验

为了方便线上线下观众获取知识、丰富参观体验，展览团队开发了多种数字化知识介绍服务，包括：云冈石窟知识图谱应用、重点展品 HTML5 导览网页、云冈 12 窟电子图录视频、云冈 12 窟语音讲解、"文明丽迹" 360°全景导览虚拟展厅等，并配备纪录片放映厅、填色互动小游戏、云冈石窟 720°全景浏览体验屏等重要辅助装置（图 18）。其中前三项是专门为此次展览研发的数字化内容。

云冈石窟知识图谱应用位于复制窟右侧小展厅内、"罗睺罗因缘"造像的对面，以一套多点触控五联互动屏为载体。因"文明丽迹"展览的叙述主线无法包含对云冈各洞窟的具体介绍，策展团队在中厅设置了这一知识图谱五联屏，与第二专题展厅中的云冈石窟 720°全景浏览体验屏一同为现场观众"云参观"云冈石窟提供了数字化窗口。知识图谱的设计样式与展览整体风格相契合，以米黄、褐色为主色调，使用魏碑体"云冈石窟"四字为主标题，以云冈石窟

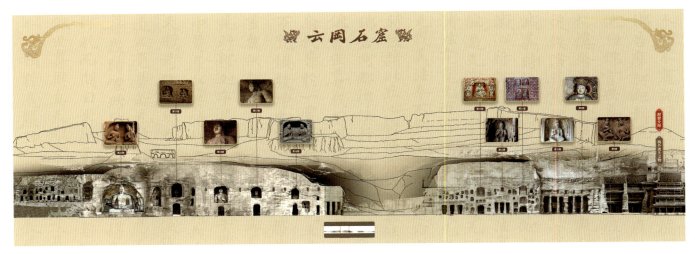

图 19　知识图谱应用界面

的龙纹图案为装饰，整体界面以高透明度的敦煌遗书维摩诘经卷照片为背景纹样。主体内容包括"洞窟介绍"和"海外流失文物"两部分，以前者为重点。主界面将云冈石窟的全景照片、测绘图合成为底图，在前、中、后期重点洞窟的相应位置以折线引出缩略图，观众可通过点击缩略图或洞窟位置打开洞窟专题界面，进一步浏览各窟的重要角度图片以及文字介绍。该设备最多可允许 5 位观众各占用一屏，同时进行点击、滑动或缩放操作，较好地满足了现场的互动需求，有效维护了参观秩序（图 19）。

重点展品 HTML5 导览网页可通过扫描说明牌上的二维码登录，主要用于展示 40 余件重点展品的拓展图文资料，并附有讲解音频。为优化线上浏览体验，导览网页以展览大纲为框架，包括有前言、结语和各单元、章节综述等内容，并按展序将重点展品的专题页嵌入在各章节中。通过浏览网页内各层级信息，观众可以快速把握展览要点、自由探索展品的文化内涵（图 20）。

云冈 12 窟电子图录视频位于复制窟前右侧，通过电子屏幕循环放映，视频长度为 10 分钟，内容约 120 页。电子图录由两部分构成，第一部分是对第 12 窟前、后室四壁及内顶主要雕刻内容的图文介绍，包括各壁题材综述和局部要点解析；第二部分是对 12 窟前室音乐类雕刻的介绍，首先指出 4 组音乐天人分布的位置，再逐一解读窟内乐器或演奏方式的文化内涵，并逐一展示音乐天人的特写照片。这一电子图录视频全面详尽地介绍了 12 窟雕刻的亮点，与"云冈第 12 窟复制窟简介"、12 窟语音导览、12 窟全景浏览二维码互为补充，为

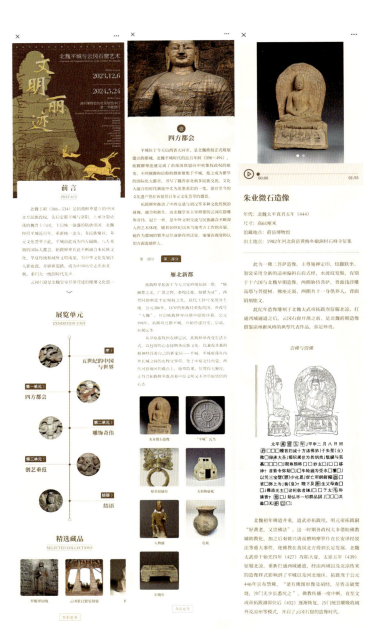

图 20　HTML5 界面首页、单元页、文物专题页

图 21-1　电子图录视频洞窟介绍　　　　　　　　　　　　图 21-2　电子图录视频乐器介绍

现场观众自由参观洞窟提供了必要的知识背景。在节假日等参观人数众多、需要排队参观复制窟的情况下，电子图录视频等知识服务让观众在洞窟外先"预习"起来，有助于观众快速把握参观要点，同时能够缓解排队产生的焦虑情绪（图 21）。

四、宣教活动

为满足不同类型观众的需求，展期举办了一系列宣教活动，包括专家讲座 6 场、学术座谈会 1 场、手绘活动 1 场、视障人士导赏专场 1 场，并制作电子宣传册、宣教折页和作业单供观众下载、取用。

（一）专家讲座

展期举办的 6 场专家讲座，分别为：2023 年 12 月 6 日，云冈研究院原党委书记张焯研究员：《东方佛教的第一圣地》；2024 年 1 月 13 日，北京联合大学应用文理学院历史文博系副主任李若水老师：《游心太玄自风流——魏晋南北朝的生活美学》沉浸式服饰复原讲座；2024 年 2 月 4 日，北京大学考古文博学院韦正教授：《云冈石窟与北魏平城时代》线上讲座；2024 年 4 月 27 日，复旦大学历史学系仇鹿鸣教授：《北魏平城时代的汉人家族与胡汉融合》；2024 年 5 月 12 日，云冈研究院历史与民族融合研究中心主任王雁卿研究员：《云冈石窟的考古发现》；2024 年 5 月 12 日，四川大学艺术学院常青教授：《云冈石窟第 6 窟佛传故事雕刻再研究》（图 22）。

无论题目偏重学术性还是趣味性，每场讲座的现场氛围都非常友好融洽，观众积极预约、认真听讲、踊跃互动，市民朋友对传统文化的热爱也给各位嘉宾留下了深刻的印象。

（二）手绘活动

2023 年 12 月开展后不久，我馆社会教育部组织了一场约"绘"云冈——北魏平城与云冈石窟艺术展手绘作品征集活动。该活动面向 10 周岁以上的手绘爱好者，征集基于"文明丽迹"相关展品、展览元素的作品。

策展团队为此次活动预留了一面手绘作品展示墙，希望活动中特别优秀的作品可以成为展览的一部分，让市民朋友成为展览的创作者，与博物馆展览建立更深厚的联系。考虑到作品保管及后续展示的需求，我馆仅征收作品的电子稿。活动共收到 138 幅表现手法各异、富有创造性的手绘作品，从中挑选出 57 幅佳作喷绘、装订在中厅的展墙上。这面手绘作品墙也成为了许多观众乐于驻足观看或合影留念的一个展览亮点（图 23）。

（三）视障人士导赏专场

为进一步拓展博物馆服务群体，关爱特殊观众，我馆联合深圳市残疾人联合会推出了"听见云冈，触摸石窟"视障人士专场导赏活动。该活动的策划源于展览主办单位双方对活化利用 3D 打印展品的深入思考，专门筛选

图 22-1　张焯《东方佛教的第一圣地》讲座　图 22-2　李若水《游心太玄自风流——魏晋南　图 22-3　韦正《云冈石窟与北魏平城时代》线上
　　　　　　　　　　　　　　　　　　　北朝的生活美学》沉浸式服饰复原讲座　　　　　讲座

图 22-4　仇鹿鸣讲座《北魏平城时代的汉人　图 22-5　王雁卿《云冈石窟的考古发现》讲座　图 22-6　《云冈石窟第 6 窟佛传故事雕刻再
　　　　　家族与胡汉融合》　　　　　　　　　　　　　　　　　　　　　　　　　　　　　研究》讲座现场，常青老师与观众互动

图 23-1　现场手绘　　　　　　　　图 23-2　现场手绘　　　　　　　　图 23-3　手绘作品

图 23-4　手绘作品　　　　　　　　图 23-5　手绘作品　　　　　　　　图 23-6　手绘作品展示墙

出一批有触摸辨识度和典型文化含义的云冈石窟雕刻局部，调取其数字模型制作可触摸的 3D 展品。这些雕刻包括：（1）第 12 窟前室窟顶演奏细腰鼓的夜叉，是"音乐窟"的重要组成部分，装扮和姿态亦富有特色；（2）第 12 窟明窗顶部中央莲花，造型规整，是石窟寺艺术广泛应用的题材，象征含义丰富；（3）第 12 窟后室鲜卑装供养人，头戴风帽、身着长袍、脚穿靴，对于了解北魏平城时代的统治族群必不可少；（4）第 18 窟"胡人弟子"头像，此雕刻深目高鼻，极具辨识度，有助于体验者了解北魏平城的民族多样性；（5）博山炉，体现汉文化传统香具在宗教场景中的应用。

为使参与活动的健全人更好地掌握视障人士服务的技能和方法，我馆邀请深圳市无障碍环境促进会的专业老师进行了 9 个课时的导盲服务培训。培训受众为志愿者、公共场所工作人员，以及有志于为视障人士服务的热心市民。培训主要内容包括视障人士方位感知方式、导盲服务方位引导技巧、触觉引导、应急情况处理技巧、针对视障人士的展品介绍和影像播放的口述技巧、参观展览情境模拟演练等。

导赏活动当日，我馆邀请了 30 名视障人士通过倾听讲解加抚触感知，亲身感受云冈石窟的独特魅力，深圳博物馆志愿者、深圳市残联志愿者提供了导盲随行服务。活动分为导赏和体验两个环节，首先由策展人为体验者导览第二专题展厅的展陈要点，通过对历史线索的扼要勾勒，对文物尺寸、质感、功能等形态细节的生动描述，帮助视障人士快速领会 5 世纪北魏平城中外文化交流、南北民族融合的时代脉搏；体验环节通过在场所有工作人员的协助，让视障人士以小组或个体为单位仔细触摸了第 12 窟复制窟和其他 3D 打印件，为视障人士提供了个性化、深度互动的参观体验（图 24）。

图 24-1　导盲服务培训

图 24-2　导盲情境模拟演练

图 24-3　导赏现场

图 24-4、5　触摸石窟

图 24-6　参加活动人员合影

图 25-1　作业单　　　　　　　　　　　　　　　图 25-2　教育折页

（四）宣传品

备受期待的深圳博物馆展览"小册子"在"文明丽迹"展览开幕时如约上线，观众可以通过官方网站或公众号链接下载电子宣传册，随时查看或传阅展览内容。此外，为了提高观众的参与度，尤其是便利亲子观众参观"文明丽迹"展览，我馆设计了教育折页和作业单，面向公众进行普惠性发放。教育折页和作业单以趣味故事和问答题的形式引导观众读懂展览，内容涉及北魏时期的饮食、交通、商贸、手工业、音乐等议题，观众在参观的同时进行答题，能够轻松、愉快地领略到南北朝社会丰富多彩的文化面貌（图 25）。

电子宣传品方面，展览团队在常规海报之外推出了动态海报，在常规推送文章之外制作了多期展览宣传视频，包括展览预热、策展人导赏短视频、社教活动宣传、展览回顾等主题。这些宣推内容形式活泼，内容新颖，更贴合时下互联网用户浏览咨询的喜好，取得了较理想的推广效果。

五、社会反馈

展览开幕以来获得了热烈的社会反响，累计参观客流共 724020 人次，受到多家纸质媒体、新媒体报道，获评"2023 年度文博行业 100 个热门展览"（图 26）。

图 26-1　"2023 年度文博行业 100 个热门展览"奖状

深圳技术助力云冈石窟"活起来"，云冈石窟第12窟"搬"来深圳博物馆了！

深圳特区报 2023-12-07 08:03

12月6日，"文明丽迹——北魏平城与云冈石窟艺术"特展在深圳博物馆历史民俗馆（市民中心）开幕。展览由深圳博物馆联合云冈研究院主办，故宫博物院、山西博物院、大同市考古研究所、大同市博物馆、河北博物院、朝阳市北塔博物馆、沁县南涅水石刻博物馆、蔚县博物馆等8家单位协办，将持续展出至2024年5月24日。

图 26-2　深圳特区报对"文明丽迹"的报道

Wander in splendid Yungang 'Music Cave' at SZ Museum

原创　Cao Zhen　ShenzhenDaily　2023年12月10日 14:10　广东

Click "Shenzhen Daily" to follow us!

NOW through May of next year, people in Shenzhen can check out the replicated Yungang Grottoes Cave 12, famously known as the "Music Cave," at the Shenzhen Museum's History and Folk Culture Division in Civic Center.

图 26-3　Shenzhen Daily 对"文明丽迹"的报道

　　展览后期线上发放了观众调研问卷。根据回收的有效问卷反馈的数据，此次展览约有 80% 观众为深圳本地居民，约 70% 的观众曾参观我馆此前举办的其他佛教艺术专题展览，约 43% 的观众到参观了 2 次及以上"文明丽迹"，多数观众对中厅展区的复制窟和第二专题展厅"雕饰奇伟"部分印象最为深刻，对展览配套的社教活动有一定的了解或参与。从观众留言来看，本次展览的知识性、体验性达到了预期的效果，切实丰富了市民的精神文化生活，加深了观众对中华优秀传统文化的认识，增强了文化自信（图 27）。本次展览的举办较好地履行了博物馆社会教育的职能，这也正契合 2024 年国际博物馆日主题："博物馆致力于教育和研究"。

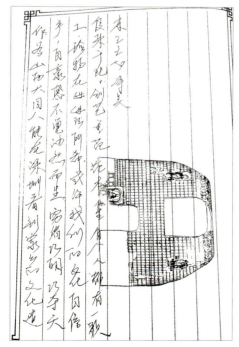

图 27-1　现场留言

图 27-2　问卷反馈

图 27-3 公众号留言-"古典的微笑"

广东 4月16日　　回复 10👍
哈哈哈...你们终于发现了。上次去参加学习时就发现了，不仅人普通人是笑着的，连佛像还是带微笑的，不像后来的那么严肃，当时就在想那时候的人应该是乐观的，对生活充满积极向往的。

北京 4月20日　　回复 4👍
一月份在深圳看了音乐窟的展，现在我已经在去云冈的车上啦！要去看原汁原味云冈石窟了😜

广东 4月16日　　回复 4👍
当时看到就忍不住拍照跟着笑起来了 她们怎么那么快乐呢？ 我们也要快乐 笑对生活

广东 4月18日　　回复 2👍
刚刚还在因为班上同学生气，正好看到这个，确实有被治愈到明天我们学校体育中考，中考第一枪，冲冲冲🐯🐯🐯🐯🐯一定要满分💯💯💯！！！

深圳博物馆 作者 4月18日　　回复 1👍
加油🐯🐯🐯考完看展~

广东 4月18日　　回复 1👍
回复 深圳博物馆:嗯嗯！！！明天上午冲冲冲🐯

广东 4月16日　　回复 👍
好好好 明天去

图 27-4 公众号留言-开展预告

广东 2023年12月6日　　回复 36👍
不错不错，推荐大家去我家山西玩，可以饱览中国古建筑和壁画，保证让大家目不暇接，流连忘返。
2条回复 ∨

广东 2023年12月6日　　回复 24👍
😂发现我拍的照片😸😸

深圳博物馆 作者 2023年12月6日　　回复 8👍
大片🐱

广东 2023年12月6日　　回复 19👍
云冈石窟实地体验非常好，推荐大家去大同近距离感受更多的古建。

广东 2023年12月6日　　回复 13👍
来了还想再来。期待讲解和展览印章。年底大展太棒了👍👍

广东 2023年12月6日　　回复 12👍
7月29日到苏州旅游的时候去苏州吴文化博物馆看到了云岗石窟特展，没想到现在在自己的城市可以看到第二次，正好前段时间在南山博物馆也看了麦积山石窟特展，凉州模式石窟今年看到了三次，很幸运！

图 27-5 公众号留言-视障导览专场

广东 4月19日　　回复 12👍
这就是做文物复制品的意义吧😤

广东 4月19日　　回复 9👍
很有意义👍

江西 4月19日　　回复 4👍
让北魏灿烂的文化平等地照耀到了每一个人👍

广东 4月19日　　回复 2👍
所以暂时将你眼睛闭了起来

深圳博物馆 作者 4月19日　　回复 3👍
黑暗之中漂浮我的期待

广东 4月19日　　回复 2👍
深博能考虑的这么全面，真是不容易！照顾得真周到👍👍👍

广东 4月19日　　回复 2👍
真的很贴心，很细心。为博物馆的做法点赞👍

广东 4月19日　　回复 2👍
太有意义了 点赞👍

广东 4月19日　　回复 1👍
平等机会👍👍👍

广东 4月19日　　回复 1👍
不得不说，深博优秀

图 27-6 公众号留言-手绘活动

广东 1月11日　　回复 6👍
画的都好棒好厉害啊👍

广东 1月11日　　回复 5👍
大家画得都好棒啊！我错过了！！这样的活动请再多来一点！！

荷兰 1月11日　　回复 3👍
张会欣是哪个平台的大触，牛bility! 这是一双照相机的手吧？？？

广东 2月6日　　回复 1👍
这是一双小胖手😡

1月12日　　回复 2👍
大饱眼福，👍👍👍👍

广东 1月11日　　回复 2👍
画完竟然忘记了投稿！下次再继续举行这活动吧🐶

广东 1月11日　　回复 2👍
啊竟然错过了！！深博以后多来点这种活动呀~哈哈

广东 1月11日　　回复 1👍
各位画友痛失网名的一天...大家好，我是首图下面左边那个抓画板的猫猫头

深圳博物馆 作者 1月11日　　回复 1👍
后续在线下也会展示~各位画友记得来打卡

六、总结

回顾"文明丽迹——北魏平城与云冈石窟艺术"的展览策划与实施历程，可以用"学术性""沉浸式""在地化和多元化"三组关键词进行总结。

作为深圳博物馆佛教艺术系列展览团队的又一重要项目，此次展览吸取过往展览项目的重要经验，发挥主创团队的研究专长，为文物展览策划实施奠定了较好的学术基础。展览团队将南北朝考古、石窟寺艺术研究的重要史实和学术成果合理嵌入内容文本，精心打磨文物信息的呈现形式、文化遗产的再现方式，提供了线上线下多种知识体验服务，多类型的社教活动，为博物馆观众提供了轻松愉快又富有内涵的"沉浸式"观展体验，让文化遗产在博物馆活起来。展期举办的手绘活动、视障服务呼应深圳"设计之都""志愿者之城"的定位；面向年轻群体和家庭的多媒体展陈方式、亲子社教宣传品契合本地的观众结构和突出的科技创新城市特色。希望每一位观众走进展厅，都能收获一场中华优秀传统文化的盛宴。

主要参考文献

一、古籍文献

[1]（北魏）杨衒之撰《洛阳伽蓝记》，周祖谟校释，中华书局，1963年。

[2]（北魏）郦道元撰《水经注》，陈桥驿点校，上海古籍出版社，1990年。

[3]（北齐）魏收撰《魏书》，唐长孺、陈仲安、王永兴、魏连科点校，中华书局，1974年。

[4]（梁）释慧皎著《高僧传》，汤用彤校注，中华书局，1992年。

[5]（梁）萧子显撰《南齐书》，王仲荦点校，中华书局，1972年。

[6]（梁）沈约撰《宋书》，王仲荦点校、傅璇琮编辑整理，中华书局，1974年。

[7]（唐）释道宣《广弘明集》，宋碛砂藏影印本，上海古籍出版社，1991年。

[8]（唐）释道宣《续高僧传》，郭绍林点校，中华书局，2014年。

[9]（清）严可均辑《全上古三代秦汉三国南北朝文》，广雅书局本影印，中华书局，1958年。

[10]［日］小野玄妙等编辑校勘《大正藏》（全55册），日本高楠顺次郎、渡边海旭组织大正一切经刊行会，1922～1934年印行，台北新文丰出版公司影印本，1983年。

二、考古简报、报告和图录

[11]［日］水野清一、长广敏雄等《云冈石窟：西曆五世纪における中国北部佛教窟院の考古学的调查报告》，京都大学人文科学研究所，1951～1956年。

[12]山西省大同市博物馆、山西省文物工作委员会《山西大同石家寨北魏司马金龙墓》，《文物》1972年3期，第20～33页。

[13]刘建华《河北蔚县北魏太平真君五年朱业微石造像》，《考古》1989年第9期，第807～810页。

[14]云冈石窟文物保管所编《中国石窟·云冈石窟（第一卷）》，文物出版社，1991年。

[15]云冈石窟文物保管所编《中国石窟·云冈石窟（第二卷）》，文物出版社，1994年。

[16]王银田、韩生存《大同市齐家坡北魏墓发掘简报》，《文物季刊》1995年第1期，第14～18页。

[17]宁夏回族自治区固原博物馆、中日原州联合考古队《原州古墓集成》，文物出版社，1999年。

[18]大同市博物馆《山西大同市北魏平城明堂遗址1995年的发掘》，《考古》2001年第3期，第26～34页。

[19]山西省考古研究所等《大同操场城北魏建筑遗址发掘报告》，《考古学报》2005年第4期，第185～211页。

[20]大同市考古研究所《山西大同沙岭北魏壁画墓发掘简报》，《文物》2006年第10期，第4～24页。

[21]南京博物院编著、徐湖平主编《南朝陵墓雕刻艺术》，文物出版社，2006年。

[22]山西大学历史文化学院、山西省考古研究所、大同市博物馆编著《大同南郊北魏墓群》，科学出版社，2006年。

[23]大同市博物馆《大同北魏方山永固陵思远佛寺遗址发掘报告》，《文物》2007年4期，第4～26页。

[24]辽宁省文物考古研究所、朝阳市北塔博物馆编《朝阳北塔考古发掘与维修工程报告》，文物出版社，2007年。

[25]大同市考古研究所、刘俊喜主编《大同雁北师院北魏墓群》，文物出版社，2008年。

[26]冯骥才总主编、陈云岗主编《中国大同雕塑全集：馆藏雕塑卷》，中华书局，2011年。

[27]王晨《云冈石窟装饰图案集》，天津人民出版社，2011年。

[28]张焯主编《云冈》，江苏凤凰美术出版社，2011年。

[29]持志、刘俊喜《北魏毛德祖妻张智朗石椁铭刻》，《中国书法》2014年第7期，第120～122页。

[30]西安市文物保护考古研究院《西安航天城北朝墓发掘简报》，《文博》2014年第5期，第12～17页。

[31]大同市考古研究所《山西大同恒安街北魏墓（11DHAM13）发掘简报》，《文物》2015年第1期，第13～21页。

[32]大同市博物馆编、王利民主编《平城文物精粹——大同市博物馆馆藏精品录》，江苏凤凰美术出版社，2016年。

[33]云冈石窟研究院、山西省考古研究所、大同市考古研究所《云冈石窟窟顶西区北魏佛教寺院遗址》，《考古学报》2016年第4期，第533～534页。

[34]南京博物院编《琅琊王——从东晋到北魏》，译林出版社，2018年。

[35]张焯主编《云冈石窟全集》（全20册），青岛出版社，2018年。

[36]大同市博物馆编著《熠彩千年——大同地区墓葬壁画》，科学出版社，2019年。

[37]故宫博物院《故宫纪年款佛像图典》，故宫出版社，2019年。

[38]山西省考古研究所、云冈石窟研究院、大同市考古研究所《云冈石窟窟顶二区北魏辽金佛教寺院遗址》，《考古学报》2019年第1期，第109～163页。

[39]安徽博物院《繁华平城：4-5世纪的北魏生活与艺术》，安徽美术出版社，2021年。

[40]大同市考古研究所《山西大同北魏贾宝墓发掘简报》，《文物》2021年第6期，第23～37页。

[41]郭静娜《山西大同鲁班窑石窟调查报告》，《敦煌研究》2021年第3期，第69～78页。

[42]辽宁省博物馆编著《龙城春秋：三燕文化考古成果展》，文物出版社，2021年。

[43]云冈研究院、山西省考古研究院、大同市博物馆《云冈石窟山顶东部北魏佛教建筑遗址发掘报告》，《石窟寺研究》2021年第1期，第1～50页。

[44]大同市考古研究所《山西大同全家湾北魏邢合姜墓石椁调查简报》，《文物》2022年第1期，第18～34页。

[45]山西省考古研究院 、沁县文物馆《南涅水石刻》，文物出版社，2022年。

[46]山西省考古研究院、山西省考古学会编《山西"十三五"重要考古发现出土文物》，山西人民出版社，2022年。

[47]云冈研究院、山西省考古研究院、大同市考古研究所《云冈石窟山顶佛教寺院遗址发掘报告》，文物出版社，2021年。

[48]大同市考古研究所《山西大同七里村北魏墓群M29发掘简报》，《文物》2023年第1期，第33～57页。

[49]云冈研究院、山西省考古研究院、大同市博物馆编著《云冈石窟窟前遗址考古发掘报告》（全4册），文物出版社，2023年。

三、研究论著

[50]张星烺《中西交通史料汇编》，中华书局，1977年。

[51]杭侃《云冈第20窟西壁坍塌的时间与昙曜五窟最初的布局设计》，《文物》1994年第10期，第56～63页。

[52][日]青柳正规编《世界美术大全集 西洋编5·古代地中海とローマ》，东京小学馆，1997年。

[53]孙机《建国以来西方古器物在我国的发现与研究》，《文物》1999年第10期，第69～80页。

[54][日]八木春生《云冈石窟文样论》，京都法藏馆，2000年。

[55]刘景龙主编《古阳洞：龙门石窟第1443窟》，科学出版社，2001年。

[56][日]吉村怜著，卞立强、赵琼译《天人诞生图研究：东亚佛教美术史论文集》，中国文联出版社，2002年。

[57]郑岩《魏晋南北朝壁画墓研究》，文物出版社，2002年。

[58]阎文儒《云冈石窟研究》，广西师范大学出版社，2003年。

[59]王雁卿、高峰《北魏平城瓦当考略》，《文物世界》2003年第6期。

[60]王雁卿、刘贵斌、高峰《北魏陶器的装饰纹样》，《文物世界》2003年第3期，第29～34页。

[61][日]八木春生《中国佛教美术と汉民族化》，京都法藏馆，2004年。

[62]沈从文《中国古代服饰研究》，上海书店出版社，2005年。

[63]张焯《云冈石窟编年史》，文物出版社，2006年。

[64][日]冈村秀典编《云冈石窟：遗物篇（山西省北部における新石器·秦汉·北魏·辽金时代の考古学的研究）》（京都大学人文科学研究所研究报告），京都朋友书店，2006。

[65]云冈石窟研究院编《云冈国际学术研讨会论文集·研究卷》，文物出版社，2006年。

[66]李静杰《关于云冈第九、第十窟的图像构成》，《艺术史研究》（第10辑），中山大学出版社，2008年，第327～360页。

[67][日]宫治昭著，李萍、张清涛译《涅槃和弥勒的图像学：从印度到中亚》，文物出版社，2009年。

[68]宿白《试释云冈石窟的分期——〈云冈石窟卷〉画册读后》，《文物》2010年第7期，第63～65页。

[69]赵昆雨《云冈石窟佛教故事雕刻艺术》，江苏美术出版社，2010年。

[70]宿白《魏晋南北朝唐宋考古文稿辑丛》，文物出版社，2011年。

[71][日]石松日奈子《北魏佛教造像史研究》，文物出版社，2012年。

[72]孙晨阳主编《中国北方古代少数民族服饰研究（匈奴、鲜卑卷）》，东华大学出版社，2013年。

[73]刘建军、解华《云冈石窟研究院收藏的一件北魏菩萨石造像》，《文物》2014年第3期，第65～67页。

[74]塔拉《相映成辉——草原丝绸之路文物精华》，内蒙古人民出版社，2014年。

[75]白化文《汉化佛教法器与服饰》，中华书局，2015年。

[76]侯旭东《五、六世纪北方民众佛教信仰：以造像记为中心的考察（增订本）》，社会科学文献出版社，2015年。

[77]范鸿武著《云冈石窟建筑与佛教雕塑研究》，江苏凤凰美术出版社，2015年。

[78]孙机《华夏衣冠：中国古代服饰文化》，上海古籍出版社，2016年。

[79]员小中、王雁翔《久别重逢的石雕——云冈石窟窟前出土的几件石雕找到了位置》，《敦煌研究》2016年第2期，第40～45页。

[80]彭明浩《云冈石窟的营造工程》，文物出版社，2017年。

[81]葛嶷、齐东方主编《异宝西来：考古发现的丝绸之路舶来品研究》，上海古籍出版社，2017年。

[82]彭栓红《云冈石窟造像的鲜卑特色与文化多样性》，《中央民族大学学报（哲学社会科学版）》2018年第5期，第92～102页。

[83]李晔《云冈石窟菩萨头冠的类型研究》，《艺术科技》2018年第9期，第14～34页。

[84]孙英刚、何平《犍陀罗文明史》，生活·读书·新知三联书店，2018年。

[85]宿白《中国石窟寺研究》，生活·读书·新知三联书店，2019年。

[86]霍巍、庞政《试论中国境内出土的下颌托》，《考古学报》2020年第2期，第141～160页。

[87]孟红淼、徐小淑《20世纪下半叶以来日本对云冈石窟的佛教美术研究》，《山西大同大学学报（社会科学版）》2020年第3期，第49～54页。

[88]陈洪萍《云冈石窟中晚期尖楣圆拱龛千佛》，《文物世界》2020年第5期，第9～13页。

[89]周渝《中国甲胄史图鉴》，江苏凤凰文艺出版社，2020年。

[90]张庆捷《云冈石窟山顶佛教寺院遗址考古收获》，《云冈研究》2021年第1期，第56～65页。

[91]王江《北魏平城建筑遗址研究》，《云冈研究》2021年第3期，第57～65页。

[92]［日］冈村秀典著、徐小淑译《云冈石窟的考古学研究》，四川人民出版社，2021年。

[93]李帅《漫谈大同出土的北魏串饰》，《美成在久》2022年第4期，第87～95页。

[94]杨泓《探掘梵迹》，三联出版社，2022年。

[95]韦正、马铭悦、崔嘉宝《云冈石窟的对外影响问题》，《文物季刊》2022年第2期，第40～51页。

[96]常青《云冈石窟第6窟佛传故事雕刻再研究》，《美术研究》2023年第2期，第15～24页。

[97]张海蛟《北魏平城灯具的考古学研究》，《云冈研究》2023年第1期，第59～65页。

[98]员小中、李雪芹、崔晓霞、兰静《云冈石窟供养人研究》，《云冈研究》2023年第2期，第1～9页。

[99]侯晓刚、陈小春《山西大同七里村北魏墓M29壁画》，《云冈研究》2023年第2期，第79～85页。

[100]［日］八木春生撰、侯悦斯译《云冈石窟第一·二窟的造窟思想及其革新性》，《美术大观》2023年第5期，第112～121页。

[101]张沐旸、高丹丹、贾汀《北朝"风帽"名称辨疑》，《紫禁城》2023年第11期，第147～159页。

[102]［日］八木春生《云冈石窟造营思想论：最盛期第二期诸窟を中心として》，京都法藏馆，2024年。

| 图版索引 | INDEX

001 朱业微石造像

北魏太平真君五年（444 年）

蔚县博物馆藏

002 "平城" 瓦当

西汉（公元前 206～公元 25 年）

大同市博物馆藏

003 贴金铅铺首（2 件）

北魏（386～534 年）

大同市考古研究所藏

004 忍冬装饰铜铺首（2 件）

北魏（386～534 年）

大同市考古研究所藏

005 山字纹装饰铜铺首（2 件）

北魏（386～534 年）

大同市考古研究所藏

006 忍冬装饰铜铺首（2 件）

北魏（386～534 年）

大同市考古研究所藏

007 方形陶毡帐

北魏（386～534 年）

大同市博物馆藏

008 双耳铜鍑

北魏（386～534 年）

大同市考古研究所藏

009 嘎啦哈

北魏（386～534 年）

大同市考古研究所藏

010 忍冬纹灰陶砖

北魏（386～534 年）

云冈研究院藏

011 陶质明器一组

北魏（386～534 年）

大同市考古研究所藏

012 人物俑

北魏（386～534 年）

大同市考古研究所藏

013 人物俑

北魏（386～534 年）

大同市考古研究所藏

014 人物俑

北魏（386～534 年）

大同市考古研究所藏

015 粳米粥瓶

北魏（386～534 年）

大同市考古研究所藏

016 酒瓶

北魏（386～534 年）

大同市考古研究所藏

017 乳瓶

北魏（386～534 年）

大同市考古研究所藏

文明丽迹——北魏平城与云冈石窟艺术

018 石砚台

北魏（386～534年）

大同市考古研究所藏

019 神兽镜

汉代（公元前206～公元220年）

大同市考古研究所藏

020 博局镜

汉代（公元前206～公元220年）

大同市考古研究所藏

021 陶灯

北魏（386～534年）

大同市考古研究所藏

022 石帐座

北魏太和八年（484年）

山西博物院藏

023 鸡冠帽骑马俑

北魏（386～534年）

山西博物院藏

024 鸡冠帽骑马俑（2件）

北魏（386～534年）

大同市博物馆藏

025 甲骑具装俑

北魏（386～534年）

大同市博物馆藏

026 釉陶风帽俑（2件）

北魏（386～534年）

大同市博物馆藏

027 釉陶风帽俑

北魏（386～534年）

山西博物院藏

028 武士俑

北魏（386～534年）

山西博物院藏

029 武士俑（2件）

北魏（386～534年）

大同市博物馆藏

030 陶牛车

北魏（386～534年）

大同市博物馆藏

031 铜镵斗

北魏（386～534年）

大同市考古研究所藏

032 瓷碗

北魏（386～534年）

大同市考古研究所藏

033 青瓷鸡首壶

北魏（386～534年）

大同市考古研究所藏

034 陶鸡首壶

北魏（386～534年）

大同市考古研究所藏

035 彩绘陶盖罐

北魏（386～534年）

大同市考古研究所藏

036 彩绘陶壶

北魏（386～534年）

大同市考古研究所藏

037 彩绘陶魁、陶勺

北魏（386～534年）

大同市考古研究所藏

038 杂技俑

北魏（386～534年）

大同市考古研究所藏

039 陶骆驼

北魏（386～534年）

大同市博物馆藏

040 人物俑

北魏（386～534年）

大同市考古研究所藏

041 人物俑

北魏（386～534年）

大同市考古研究所藏

042 人物俑

北魏（386～534年）

大同市考古研究所藏

043 人物俑

北魏（386～534年）

大同市考古研究所藏

044 人物俑

北魏（386～534年）

大同市考古研究所藏

045 人物俑（2件）

北魏（386～534年）

大同市考古研究所藏

046 人物俑

北魏（386～534年）

大同市考古研究所藏

047 女俑

北魏（386～534年）

大同市考古研究所藏

048 女俑

北魏（386～534年）

大同市考古研究所藏

049 人物俑

北魏（386～534年）

大同市考古研究所藏

050 人物俑

北魏（386～534年）

大同市考古研究所藏

051 人物俑

北魏（386～534年）

大同市考古研究所藏

052 人物俑

北魏（386～534年）

大同市考古研究所藏

053 人物俑

北魏（386～534年）

大同市考古研究所藏

054 人物俑

北魏（386～534年）

大同市考古研究所藏

055 人物俑

北魏（386～534年）

大同市考古研究所藏

056 金耳饰（7件）

北魏（386～534年）

大同市考古研究所藏

057 金指环（4件）

北魏（386～534年）

大同市考古研究所藏

058 铜戒指

北魏（386～534年）

大同市考古研究所藏

059 铜镯

北魏（386～534年）

大同市考古研究所藏

060 银镯（2件）

北魏（386～534年）

大同市考古研究所藏

061 金镯（2件）

北魏（386～534年）

大同市考古研究所藏

062 玉镯（2件）

北魏（386～534年）

大同市考古研究所藏

063 珠饰

北魏（386～534年）

大同市考古研究所藏

064 珠饰

北魏（386～534年）

大同市考古研究所藏

065 珠饰

北魏（386～534年）

大同市考古研究所藏

066 珠饰

北魏（386～534年）

大同市考古研究所藏

067 珠饰

北魏（386～534年）

大同市考古研究所藏

068 琥珀饰件

北魏（386～534年）

大同市考古研究所藏

069 骨簪（8件）

北魏（386～534年）

大同市考古研究所藏

070 金饰片（4件）

北魏（386～534年）

大同市考古研究所藏

071 金珠（7件）

北魏（386～534年）

大同市考古研究所藏

072 釉陶壶

北魏（386～534年）

大同市考古研究所藏

073 盘口莲花纹釉陶罐

北魏（386～534年）

大同市博物馆藏

074 带盖龙纹釉陶罐

北魏（386～534年）

大同市博物馆藏

075 玻璃瓶

北魏（386～534年）

大同市考古研究所藏

076 玻璃瓶

北魏（386～534年）

大同市考古研究所藏

077 仿玻璃碗

北魏（386～534年）

大同市考古研究所藏

078 双耳铜罐

北魏（386～534年）

大同市考古研究所藏

079 银碗

北魏（386～534年）

大同市考古研究所藏

080 银耳杯

北魏（386～534年）

大同市博物馆藏

081 金下颌托

北魏（386～534年）

大同市考古研究所藏

082 釉陶板瓦

北魏（386～534年）

云冈研究院藏

083 大板瓦

北魏（386～534年）

云冈研究院藏

084 筒瓦

北魏（386～534年）

云冈研究院藏

085 "传祚无穷"檐头筒瓦

北魏（386～534年）

云冈研究院藏

086 "富贵万岁"檐头筒瓦

北魏（386～534年）

云冈研究院藏

087 "传祚无穷"瓦当

北魏（386～534年）

云冈研究院藏

088 "富贵万岁"瓦当

北魏（386～534年）

云冈研究院藏

089 "忠贤永贵"瓦当

北魏（386～534年）

云冈研究院藏

090 莲花纹檐头筒瓦

北魏（386～534年）

云冈研究院藏

091 莲花纹瓦当

北魏（386～534年）

云冈研究院藏

092 莲花化生童子瓦当

北魏（386～534年）

云冈研究院藏

093 兽面纹瓦当

北魏（386～534年）

云冈研究院藏

094 莲花建筑饰件（一组5件）

北魏（386～534年）

云冈研究院藏

095 塔刹相轮

北魏（386～534年）

云冈研究院藏

096 须弥座

北魏（386～534年）

云冈研究院藏

097 兽首门枕石

北魏（386～534年）

云冈研究院藏

文明丽迹——北魏平城与云冈石窟艺术

098 石刻板

北魏（386～534 年）

云冈研究院藏

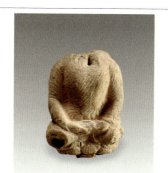

099 泥塑坐佛

北魏（386～534 年）

云冈研究院藏

100 泥塑菩萨头像

北魏（386～534 年）

云冈研究院藏

101 泥塑菩萨头像

北魏（386～534 年）

云冈研究院藏

102 泥塑菩萨头像

北魏（386～534 年）

云冈研究院藏

103 泥塑菩萨头像

北魏（386～534 年）

云冈研究院藏

104 陶钵

北魏（386～534 年）

云冈研究院藏

105 陶钵

北魏（386～534 年）

云冈研究院藏

106 陶灯

北魏（386～534 年）

云冈研究院藏

107 佛头像

北魏（386～534 年）

云冈研究院藏

108 佛头像

北魏（386～534 年）

云冈研究院藏

109 天宫伎乐

北魏（386～534 年）

云冈研究院藏

110 化生童子

北魏（386～534 年）

云冈研究院藏

111 合十手

北魏（386～534 年）

云冈研究院藏

112 造像背光

北魏（386～534 年）

云冈研究院藏

113 石刻斗栱

北魏（386～534 年）

云冈研究院藏

114 莲瓣纹石盒

北魏（386～534 年）

云冈研究院藏

115 佛半身像

北魏（386～534 年）

云冈研究院藏

116 贴金千佛头像（6 件）

北魏（386～534 年）

云冈研究院藏

117 千佛

北魏（386～534 年）

云冈研究院藏

118 千佛

北魏（386～534年）

云冈研究院藏

119 千佛

北魏（386～534年）

云冈研究院藏

120 千佛

北魏（386～534年）

云冈研究院藏

121 千佛

北魏（386～534年）

云冈研究院藏

122 圆栱龛龛楣

北魏（386～534年）

云冈研究院藏

123 双面佛龛

北魏（386～534年）

云冈研究院藏

124 佛像

北魏（386～534年）

云冈研究院藏

125 佛像

北魏（386～534年）

云冈研究院藏

126 菩萨立像

北魏（386～534年）

云冈研究院藏

127 立像身躯

北魏（386～534年）

云冈研究院藏

128 菩萨头像

北魏（386～534年）

云冈研究院藏

129 菩萨立像

北魏（386～534年）

云冈研究院藏

130 供养天人像

北魏（386～534年）

云冈研究院藏

131 飞天头部

北魏（386～534年）

云冈研究院藏

132 力士头像

北魏（386～534年）

云冈研究院藏

133 供养天人像

北魏（386～534年）

云冈研究院藏

134 供养天众及坐佛

北魏（386～534年）

云冈研究院藏

135 供养人行列

北魏（386～534年）

云冈研究院藏

136 菩萨上身像

北魏（386～534年）

云冈研究院藏

137 骑象菩萨

北魏（386～534年）

云冈研究院藏

138 佛坐像

北魏（386～534年）

云冈研究院藏

139 佛坐像

北魏（386～534年）

云冈研究院藏

140 菩萨头像

北魏（386～534年）

云冈研究院藏

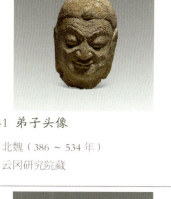

141 弟子头像

北魏（386～534年）

云冈研究院藏

142 菩萨半身残像

北魏（386～534年）

云冈研究院藏

143 胁侍菩萨像

北魏（386～534年）

云冈研究院藏

144 盝形龛像

北魏（386～534年）

云冈研究院藏

145 骑马菩萨

北魏（386～534年）

云冈研究院藏

146 狮子

北魏（386～534年）

云冈研究院藏

147 龙首

北魏（386～534年）

云冈研究院藏

148 比丘尼景媚造像题记

北魏景明四年（503年）

云冈研究院藏

149 邢合姜石椁板

北魏皇兴三年（469年）

大同市考古研究所藏

150 石灯

北魏太和元年（477年）

大同市考古研究所藏

151 石灯

北魏（386～534年）

云冈研究院藏

152 石灯

北魏（386～534年）

云冈研究院藏

153 石灯

北魏（386～534年）

大同市考古研究所藏

154 石灯

北魏（386～534年）

云冈研究院藏

155 莲花龙纹帐座

北魏（386～534年）

云冈研究院藏

156 石帐座（2件）

北魏（386～534年）

大同市考古研究所藏

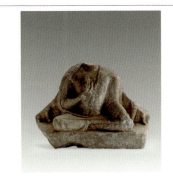

157 石雕佛坐像

北魏（386～534年）

朝阳市北塔博物馆藏

158 泥塑禅定佛像

北魏（386～534年）

朝阳市北塔博物馆藏

159 泥塑菩萨立像残件

北魏（386～534年）

朝阳市北塔博物馆藏

160 泥塑飞天像残件

北魏（386～534年）

朝阳市北塔博物馆藏

161 泥塑佛头像

北魏（386～534年）

朝阳市北塔博物馆藏

162 泥塑菩萨头像

北魏（386～534年）

朝阳市北塔博物馆藏

163 泥塑弟子头像

北魏（386～534年）

朝阳市北塔博物馆藏

164 阿行造铜鎏金观世音菩萨立像

北魏太和十三年（489年）

河北博物院藏

165 白石观世音菩萨立像

北魏正光三年（522年）

河北博物院藏

166 铜吴保显造佛立像

北魏（386～534年）

故宫博物院藏

167 石佛坐像

北魏景明元年（500年）

故宫博物院藏

168 铜刘氏造释迦多宝佛像

北魏永平三年（510年）

故宫博物院藏

169 铜观世音菩萨立像

北魏正光三年（522年）

故宫博物院藏

170 铜一佛二胁侍像

北魏正光六年（525年）

故宫博物院藏

171 铜鎏金郭巨造佛像

北魏孝昌四年（528年）

故宫博物院藏

172 铜菩萨立像

北魏（386～534年）

故宫博物院藏

173 石佛坐像

北魏（386～534年）

故宫博物院藏

174 石樊保儁等造释迦牟尼佛像

北魏永安元年（528年）

故宫博物院藏

175 释迦坐像

北魏（386～534年）

沁县南涅水石刻博物馆藏

176 石雕佛像

北魏正光二年（521年）

沁县南涅水石刻博物馆藏

177 四面佛龛石造像

北魏（386～534年）

沁县南涅水石刻博物馆藏

178 刻铭方柱形四面佛龛石造像

北魏建义元年（528 年）

沁县南涅水石刻博物馆藏

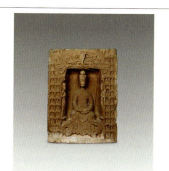

179 四面佛龛石造像

北魏（386 ~ 534 年）

沁县南涅水石刻博物馆藏

180 四面佛龛坐佛石造像

北魏（386 ~ 534 年）

沁县南涅水石刻博物馆藏

181 四面佛龛石造像

北魏（386 ~ 534 年）

沁县南涅水石刻博物馆藏

后记

李唐一族之所以崛兴，盖取塞外野蛮精悍之血，注入中原文化颓废之躯，旧染既除，新机重启，扩大恢张，遂能别创空前之世局。

——陈寅恪《金明馆丛稿二编·李唐氏族之推测后记》

近现代著名史学家陈寅恪先生在探究中国隋唐制度渊源时指出，"李唐一族"取"塞外野蛮精悍之血，注入中原文化颓废之躯"，由此"别创空前之世局"，这正是高度评价民族融合对中华文化开创发展做出了重要贡献，为隋唐帝国的崛起和对世界文明发展的深远影响奠定了基础。

近十余年来，深圳博物馆围绕中外文明交流与中华文明演进的主题，持续策划举办了一系列中国造像（石窟）艺术专题展览，尤其注重北朝隋唐的民族融合与文明交流，在文博界与粤港澳大湾区观众群体中形成了较好的声誉和影响力。此次"文明丽迹——北魏平城与云冈石窟艺术"正是这一系列原创特展中的最新重磅展览，也是 2023 年度深圳市宣传文化事业发展专项基金重点支持项目。本次展览由深圳博物馆和云冈研究院联合主办，同时也得到故宫博物院、山西博物院、大同市考古研究所、大同市博物馆、河北博物院、朝阳市北塔博物馆、沁县南涅水石刻博物馆、蔚县博物馆等协办单位的鼎力支持，在此谨致谢忱！同时，感谢深圳市宣传文化事业发展专项基金对深圳博物馆展览项目长期以来的大力支持！

北魏平城时代是由各民族共同缔造的伟大时代，是中华民族多元一体格局形成进程中的一段壮丽篇章。近百年的政治激荡和族群融合凝聚出新的民族共同体意识，缔造出新的文化传统，充分滋养了中古时期的中华文明。本次展览是世界文化遗产云冈石窟首次在深圳举办大型文物展，也是同类主题展览中最大体量的重磅原创性展览，通过云冈石窟出土文物、等比例 3D 打印云冈第 12 窟复制窟、大同北魏考古新发现等重磅展品，集中展示北魏平城、云冈石窟反映各民族碰撞融合的历史，及其吸收外来文明并不断自我创造的艺术魅力，倡导文明交流互鉴，增强中华民族共同体意识，弘扬中华优秀传统文化。

此次展览策划由深圳博物馆馆长黄琛研究员任总负责，副馆长杜鹃研究员任项目总监，原副馆长郭学雷研究馆员为学术总监，学术研究部主任黄阳兴研究馆员担任学术策展，刘绎一博士担任策展人。展览大纲由深圳博物馆策展团队共同创作完成，黄阳兴研究员统筹总体大纲，刘绎一编写框架结构并主写第二、三单元，刘倩主写第一单元，高雅整理数字化展陈内容并与陈坤、邓应知共同编写序厅和中厅展览文本，暨南大学胡晓檬、詹旭飚同学协助资料整理工作。2024 年 5 月，为推动云冈石窟艺术的传播和研究，深圳博物馆联合云冈研究院共同举办了"北魏平城与云冈石窟艺术"座谈会，邀请云冈研究院王雁卿、赵昆雨研究员；浙江大学李志荣教授、四川大学常青教授、中山大学姚崇新教授、暨南大学张小贵教授、麦积山石窟艺术研究所李天铭所长、大同市考古研究所李树云副所长、广州市文物考古研究院全洪研究员、深圳市文物考古鉴定所原所长任志录研究馆员等一批专家学者共同探讨北魏平城时代的政治文化与云冈石窟艺术特色，展览受到专家的一致好评。

深圳博物馆图录出版力求兼顾艺术与学术，希望能为公众以及研究者从艺术欣赏、学术研究等多元视角理解北魏平城和云冈石窟艺术提供一些专业参考。本次展览图录重新调整和丰富了诸多说明内容，又幸蒙云冈研究院院长杭侃教授、云冈石窟博物馆馆长赵昆雨研究员、北京大学考古文博学院韦正教授赐稿；同时，图录整理了"北魏平城与云冈石窟艺术"座谈会十余位专家的发言摘要，大大提升了图录的学术价值。此外，还要特别感谢中国社会科学院考古研究所石窟寺考古研究室副主任、邺城考古队负责人何利群博士惠赐北吴庄造像资料。

囿于编者学力所限，书中错漏难免，敬请方家不吝批评指正！

文明丽迹——北魏平城与云冈石窟艺术